Kerstin Rech

Spektakuläre Kriminalfälle im Saarland

Geistkirch

ISBN 978-3-946036-43-2

www.geistkirch.de

1. Auflage 2015

Verlag: Geistkirch-Verlag, Saarbrücken
Titelgestaltung: Florian Brunner, Saarbrücken
Satz und Layout: Harald Hoos, Landau
Printed in EU

Inhalt

Vorwort und Dank

Wahre Kriminalfälle und ihre Aufklärung sowie die Motive der Täter interessieren und faszinieren uns seit jeher und die Opfer erwecken unser Mitgefühl. Verbrechen sind immer auch ein Spiegel der Gesellschaft und der Zeit, in der sie verübt werden. Und manche Fälle sind noch lange nicht zu Ende, nachdem der Spruch des Richters gefallen ist.

Bedanken möchte ich mich bei all denen, die mir bei der Entstehung dieses Buches behilflich waren:

Karina Kloos und Hans-Joseph Britz vom Stadtarchiv Homburg, Dr. Peter Wettmann-Jungblut vom Landesarchiv Saarbrücken, Hubert Röder, 1. Vorsitzender des Vereins für Heimatkunde Höcherberg e.V., Richard Wagner, 1. Vorsitzender des Historischen Vereins Lebach, Major Alexander Voigt, Kommandant der Graf-Haeseler-Kaserne und Standortfeldwebel Heiko Bard sowie Andreas Bechmann, Carin Chilvers, Tanja Urschel, Dr. Richard Weber und Sibylle Weber.

Der Bexbacher Polizistenmord

Die Stunde null

Die »Stunde null« beginnt im Saarland schon am 20. März 1945. Die amerikanischen Truppen besetzen das Saarland und marschieren am darauf folgenden Tag, dem 21. März, in die zerstörten Städte Neunkirchen und Saarbrücken ein. Die Landeshauptstadt zählt nur noch armselige 7000 Einwohner. Vor dem Zweiten Weltkrieg waren es 130000.

Die nationalsozialistische Herrschaft wird im Südwesten des Deutschen Reiches durch heftige Angriffe alliierter Jagdbomber beendet, denen die deutsche Flak nichts mehr entgegenzusetzen hat. Die endgültige und bedingungslose Kapitulation, die für das gesamte Deutsche Reich gilt, wird erst am 7. Mai von Generaloberst Alfred Jodl unterzeichnet werden und am 8. Mai in Kraft treten.

Wie in vielen saarländischen Orten tauchen in diesen Märztagen auch in Oberbexbach amerikanische Truppen auf. Sie beziehen dort vorübergehend Quartier, bevor sie ihren Standort hinunter ins Tal nach Mittelbexbach verlegen. Als Unterkunft dort dient ihnen eine der zahlreichen Mittelbexbacher Gaststätten.

Die Bexbacher Gemeinden werden im Zweiten Weltkrieg bis auf einige Gebäude kaum zerstört. Auch die katholische Kirche St. Martin in Mittelbexbach steht noch, obwohl sie durch Bombenangriffe beträchtlich beschädigt wird. Doch die Schäden werden provisorisch behoben und Johannes Bossung, der aus Ramstein stammt und seit 1920 Pfarrer in Mittelbexbach ist, kann in ihr ohne Angst vor Einstürzen die Gottesdienste abhalten. Auch amerikanische Soldaten und Offiziere katholischen Glaubens, die jetzt in Mittelbexbach stationiert sind, besuchen in diesen Tagen die sonntägliche Messe, was Pfarrer Bossung zu würdigen weiß.

Der 63-Jährige genießt in seiner Gemeinde Höcherberg-Mittelbexbach und darüber hinaus hohes Ansehen. So setzt er sich 1932 vehement gegen die Schließung der Grube Bexbach ein und verhindert, dass 1500 Bergleute ihre Arbeit verlieren. Unter den Nazis erhält er 1938 absolutes Schulverbot und darf keinen Religionsunterricht mehr erteilen. Im darauf folgenden Jahr wird ein Strafverfahren wegen Vergehens gegen das Flaggengesetz gegen ihn angestrengt, explizit wegen des Mitführens von Kirchenfahnen bei der Fronleichnamsprozession. Um die Erinnerung an ihn zu bewahren, werden die Bexbacher nach seinem Tod 1957 eine Straße nach ihm benennen.

Eine der vorrangigen Aufgaben der neuen Machthaber aus dem fernen Amerika ist es, eine halbwegs funktionierende Ordnung aufzubauen, um eine Grundversorgung sicherzustellen. Dazu braucht man eine wirksame Verwaltung. Unter anderem werden Hilfspolizisten eingestellt und auch Bürgermeister, die politisch unverdächtig sind.

Unter den amerikanischen Soldaten, die am Gottesdienst von Pfarrer Bossung teilnehmen, ist auch der kommandierende Offizier.

Hat dieser Offizier mit dem Pfarrer über einen Kandidaten für den Bürgermeisterposten von Mittelbexbach gesprochen und um eine Empfehlung gebeten? Es ist, wie so vieles bei diesem Fall, nicht eindeutig zu beantworten, doch ist es denkbar. Der konservative Pfarrer Bossung, der ganz offensichtlich kein Anhänger des Nationalsozialismus war, darf durchaus als kompetenter Ratgeber gelten.

Man könnte also davon ausgehen, dass dank der Empfehlung von Pfarrer Bossung, der Polizeimeister Johann Kerner von den Amerikanern zum neuen Bürgermeister von Mittelbexbach und Nachfolger des bisherigen Amtsinhabers Heinrich Jürgens bestimmt wird.

Pfarrer Bossung und Polizeimeister Kerner verbindet nicht nur der gemeinsame katholische Glaube und eine konservative Grundeinstellung. Kerner hat auch stets den Pfarrer gewarnt, wenn ihm zu Ohren kam, dass die Gestapo in der Kirche war, obwohl er auch unter der braunen Herrschaft seinem Dienst pflichtbewusst nachkam. Vielleicht zu pflichtbewusst. So wurden 1941 Frauen, die Beziehungen mit Kriegsgefangenen eingegangen waren, mit Latrinenfarbe beschmiert, ihnen die Haare abgeschnitten und schmachvolle Schilder um den Hals gehängt. Dann wurden sie durchs Dorf getrieben. Angeführt hat den Zug Polizeimeister Kerner. Hätte man ihn später zu diesem Vorfall befragt, hätte er sicher geantwortet, dass der Umgang mit Kriegsgefangenen in der NS-Zeit nun mal verboten war. Gesetz ist Gesetz.

Johann Kerner, der aus dem pfälzischen Dorf Schwanheim stammt, ist seit 1920 Polizist. Im Jahr 1933 tritt er seinen Dienst in Mittelbexbach an. Er gilt bei seinen Mitbürgern als korrekt und wird allgemein als Respektsperson anerkannt. Was seine Auffassung von Anstand und Moral betrifft, neigt er auch hier zum Übereifer und schießt dabei auch über das Ziel hinaus. So überführt er Ehebrecher in flagranti und die Namen der Ertappten werden von ihm in einem Schaukasten am Rathaus ausgestellt. Eine Vorgehensweise, die bei den Bexbachern, sofern sie nicht selbst betroffen sind, ziemliche Heiterkeit hervorruft, über die heute noch erzählt wird.

Der im Jahr 2011 verstorbene Josef Johann, ehemaliger Vorsitzender des Heimatvereins Bexbach, der in der ARD-Dokumentation *»Die großen Kriminalfälle – Der Mörder in der Mülltonne«* (von Inge Plettenberg) aus dem Jahr 2004 als Zeitzeuge zu Wort kommt, obwohl er zum Zeitpunkt der Tat gar nicht in Mittelbexbach war, beschreibt Kerner so: »...Das war so ein Polizist, der, wenn's drauf ankam, sich selbst ein Protokoll machte.«

Es wird ihm nachgesagt, dass Johann Kerner trotz Mitgliedschaft in der NSDAP und trotz sturer Pflichterfüllung, kein überzeugter Nationalsozialist war, was im Frühjahr 1945 für die persönliche und berufliche Reputation wichtig ist. Verheiratet ist er mit Katharina geborene Kirsch. Sie stammt aus Lautzkirchen, einem Stadtteil von Blieskastel, und ist die Tochter des dortigen Försters. Das Ehepaar Kerner hat einen 13-jährigen Sohn Albrecht und eine 17-jährige Tochter Gisela.

Die amerikanische Truppe mitsamt dem Kommandanten, der Johann Kerner zum Bürgermeister gemacht hat, zieht ein paar Tage später aus Mittelbexbach ab. Fortan wird die Gemeinde von dem circa neun Kilometer entfernten Homburg aus verwaltet.

Im Gegensatz zu den Bexbacher Gemeinden liegt die Kreisstadt Homburg, die wiederholt Ziel alliierter Bombenangriffe war, zum größten Teil in Trümmern. In Homburg, genauer gesagt im Gasthaus *Homburger Hof* richten die Amerikaner ihre Kommandantur ein, die jetzt für den gesamten Kreis Homburg zuständig ist.

Es dauert nicht lange und Kerner wird nach Homburg zur Kommandantur bestellt. Man eröffnet ihm, dass Karl Klein ab sofort an seiner Stelle neuer Bürgermeister von Mittelbexbach ist, er aber Polizeimeister bleiben kann. Wie diese Entscheidung letztendlich zustande kommt und warum der Homburger Kommandant die Anordnung des Mittelbexbachers revidiert, lässt sich nicht mehr feststellen. Es ist möglich, dass Klein gegen Kerner interveniert und dessen Mitgliedschaft in der NSDAP gegen ihn verwendet hat oder aber er wurde für die Position empfohlen. Gilt er doch als Antifaschist und das von sich behaupten zu können, war in jenen Tagen allemal eine gute Empfehlung für die alliierten Machthaber.

Karl Klein, 44 Jahre alt, stammt aus einer alteingesessenen und angesehenen Mittelbexbacher Familie. Nach einem der Mitglieder der Klein-Familie wurde sogar eine Straße benannt. Er ist überzeugter Kommunist und ein Freund des späteren Staatsratsvorsitzenden der DDR, Erich Honecker, der aus dem benachbarten Wiebelskirchen stammt. Seine kommunistische und antifaschistische Gesinnung hindert ihn aber nicht daran, während des so genannten Dritten Reichs seine Mitbürger für die Gestapo auszuspionieren.

Klein ist in seiner Familie und in Mittelbexbach das schwarze Schaf und scheint diese Rolle auch bewusst und gerne zu spielen. Alles Bürgerliche ist ihm verhasst. Er provoziert und eckt an, wann immer sich die Gelegenheit bietet. Eines seiner Feindbilder ist die katholische Kirche und oft legt er sich mit Pfarrer Bossung an, da dieser nicht nur ein erklärter Gegner der Nationalsozialisten ist, weswegen er auch in der NS-Zeit Droh- und Schmähbriefe erhält, sondern auch ein Gegner der Kommunisten.

Selbst nach Beendigung seiner über 21 Jahre dauernden Haftstrafe, als er in den siebziger und achtziger Jahren wieder in Bexbach lebt, wird Klein seine Einstellung und sein Verhalten allem Bürgerlichen gegenüber nicht ändern und sein Querulantentum nicht ablegen – insbesondere der katholischen Kirche gegenüber. So geschehen bei einer Fronleichnamsprozession, als er allein dem Prozessionszug auf der Straße entgegengeht und provozierend mitten hindurch läuft. Seine Abneigung gegen Pfarrer Bossung wird auch dann noch so weit gehen, dass er in einer Bexbacher Wirtschaft stolz erzählt, er hätte dem Geistlichen zu dessen Geburtstag aufs Grab geschissen. Es gibt noch ältere Familienmitglieder der Kleins, die selbst heute nicht über ihn sprechen wollen und als Begründung angeben, dass sie wegen ihm schon viel erleiden mussten.

Vom Kriegsdienst ist Klein wegen einer Beinverletzung befreit. Wie es heißt, hat er sich diese in den zwanziger Jahren bei einer heftigen Auseinandersetzung mit seinem Vater, einem Metzger, zugezogen. Bei diesem Streit soll auch eine Axt im Spiel gewesen sein. Klein lässt sich in jenen Tagen auch sein Erbe ausbezahlen und reist mit dem Geld nach Amerika. Lange dauert sein Aufenthalt in Übersee aber nicht und er kommt wieder zurück in seine saarländische Heimat. Was er von seiner Amerikareise mitbringt, ist ein gewisses weltmännisches Auftreten und Kenntnisse der englischen Sprache. Letzteres ist ein großer Vorteil bei der Zusammenarbeit mit den Amerikanern und sicher mit einer der Gründe für seine Ernennung zum Bürgermeister. Von Beruf ist er Metzger und Gastwirt. Seine Wirtschaft *»Goldener Stern«*, die in der Nähe des Bahnhofs liegt, ist jedoch seit 1943 geschlossen. Er selbst wohnt aber weiterhin mit Frau und Tochter im ersten Stock des Hauses.

Seine Haupteinnahmequelle ist, wie bei so vielen anderen in dieser Zeit, das Schwarzschlachten und Geschäfte unter der Hand. Nur im Gegensatz zu den vielen anderen, betreibt Klein das alles in größerem Stil. Einen seiner größten Coups landet er noch während des Krieges, im Sommer des Jahres 1943, wenige Monate bevor die ukrainische Hauptstadt Kiew von der Roten Armee zurückerobert wird.

Adolf Brass, der in der ARD-Dokumentation *»Die großen Kriminalfälle – Der Mörder in der Mülltonne«* ebenfalls als Zeitzeuge zu Wort kommt, berichtet darüber. Er ist während des Krieges auf Urlaub in Mittelbexbach und besucht auch die Gaststätte von Karl Klein.

> »In Kiew war ich etwa ein dreiviertel Jahr, von dort aus bin ich ab und zu nach Hause gefahren, habe Urlaub gekriegt und habe dann meine Freunde besucht in Bexbach und hab mir ein paar schöne Tage gemacht, auch in dem Lokal Klein in der Bahnhofstraße. Dort war immer nette Gesellschaft und dort habe ich auch den Herrn Klein kennengelernt. Der kam eines Tages, wie wir dort saßen und uns unter-

Die Gaststätte von Karl Klein, der »Goldene Stern« in Bexbach

hielten, auf mich zu und hat gefragt, wo ich bin, ob ich kein Soldat wär…«

Man kommt ins Plaudern und da beide sehr geschäftstüchtig sind, führt das Gespräch fast zwangsläufig in eine ganz bestimmte Richtung. Nämlich in die, wie und wo man ein Geschäft machen kann.

Brass erzählt Klein, dass er bei der Reichsbahn im von Deutschen besetzten Kiew beschäftigt ist. Und weiter berichtet er über die mangelnde Versorgung der dortigen Bevölkerung, die vor der deutschen Besatzung den stalinistischen Terror erdulden musste. Er lässt den Satz fallen, dass man in Kiew für ein Päckchen Streichhölzer fünf Mark verlangen kann. Klein wird sofort hellhörig und wittert, wie Brass, ein gutes Geschäft.

Die beiden Männer beschließen, den Coup zu wagen. Klein besorgt, aus welchen Quellen auch immer, die Streichhölzer sowie eine Eisenbahneruniform für sich selbst. Er will auf der langen Fahrt gen Osten nicht auffallen und das lukrative Geschäft gefährden. In Homburg sorgt Brass dafür, dass die Fracht in einen Waggon verladen wird und die beiden bringen die Streichhölzer mit dem Zug in das besetzte Kiew.

Adolf Brass erzählt auch, welchen Eindruck Karl Klein während der langen Fahrt auf ihn gemacht hat:

> »Also ich hab das alles organisiert, und die Fahrt ging nachher nach Russland, und dort habe ich den Klein auch richtig kennengelernt, ich hab den ja nicht gekannt. Der Mann war ja wesentlich älter als ich, und ich war nur kurze Zeit in Bexbach. Der war sehr interessant für mich. Er kannte die Bibel, und ich war wirklich von ihm begeistert. Er muss sehr belesen gewesen sein, das habe ich dann festgestellt, und er war auch intelligent. Ich konnte ihn auch mal fragen, wie er politisch sich das alles so vorstellt, da habe ich dann gemerkt, dass er ein bisschen ein Linker ist. Aber wir haben uns nachher nicht mehr weiter darauf eingelassen. Wir haben nachher nur noch über unsere Geschäfte gesprochen.«

Die Straße in Bexbach, in der sich die Gaststätte von Karl Klein befand

Die ehemalige Gaststätte »Goldener Stern« – heute ein Wohnhaus

Klein verkauft die Streichhölzer mit hohem Gewinn auf einem Markt der ukrainischen Hauptstadt. Allerdings in Rubel, doch es gelingt ihm, diese noch in Kiew in Reichsmark umtauschen zu lassen und mit einem Koffer voller Geld nach Mittelbexbach zurückzufahren.

Laut Brass, der zu diesem Zeitpunkt 25 Jahre alt ist, beträgt der Anteil für jeden von ihnen beiden 30000 Reichsmark. Eine große Summe, die Klein seinem vorübergehenden Geschäftspartner Brass bei dessen späterem Urlaub in Mittelbexbach zuerst nicht, wie vereinbart, auszahlen will. Erst als Brass seinem Komplizen droht, dem Polizisten Kerner von der Aktion zu berichten, rückt Klein das Geld heraus.

Wie sich das abgespielt hat, erzählt Brass so:

> Und da hat er gesagt: Was willst du mit dem Geld machen?
> Da habe ich gesagt: ich mache dasselbe wie du, ich bringe es sicher unter.
> Und da hat er gesagt: das ginge doch nicht, Geld anlegen, und hat nach Ausreden gesucht. Alles Mögliche hat er vorgebracht, um mich kleinzuhalten.
> Und dann hab ich gesagt: Ich will dir mal was sagen, ich will mein Geld haben, und was ich damit mache, das ist meine Sache. Und was du mit deinem machst, ist deine Sache ...
> Entweder krieg ich mein Geld oder ich gehe zum Kerner.
> Der Kerner war damals Polizeichef in Bexbach.
> Und daraufhin hat er mich gerufen: Dann komm her, du kriegst dein Geld.
> Und dann hat er mir im Schlafzimmer, ich weiß nicht, wo er's hergeholt hat, meinen Anteil gegeben.«

Ob diese Gaunerei mit den Streichhölzern die einzige ist, zu der Klein und Brass sich in jenen Jahren verabreden?

Wie viel der Polizeimeister Johann Kerner von Kleins Geschäften wusste, ist nicht bekannt. Aber dass er davon wusste, ist anzunehmen, war er doch für Geschäfte dieser Art in Mittelbexbach allgemein bekannt. Und vielleicht denkt Kerner sogar daran, Kleins Tätigkeit für die Gestapo sowie dessen kriminelle Machenschaften der amerikanischen Militärregierung zu melden, um so seinem Widersacher, der ihn aus dem Bürgermeisteramt verdrängt hat, zu schaden und ebenfalls um den Posten des Bürgermeisters zu bringen. Ganz nach dem Motto: quid pro quo. Und vielleicht ahnt oder befürchtet das auch Karl Klein, der wegen eines Diebstahls im Jahr 1923 schon einschlägig vorbestraft ist.

Mord in der Stunde null. Nie ist die Gelegenheit günstiger, als in jener Zeit, in der, wie es in der *Saarländischen Volkszeitung* am 5. Juni 1948 in einem Artikel zu diesem Fall zu lesen sein wird, »die Rechtsbegriffe sehr verschwommen waren.«

Und am 10. Juni desselben Jahres schreibt die *Saarländische Volkszeitung* ergänzend:

> »Die Mordtat geschah in einer Zeit des militärischen, wirtschaftlichen und moralischen Zusammenbruchs, wo Personen durch Täuschung der Alliierten in Stellungen kamen, in die sie nie gehörten.«

Die Mordnacht

Die Nacht des 20. April 1945. Ein Freitag. Adolf Hitler, der in Berlin mit einigen Getreuen im Führerbunker sitzt, hat Geburtstag. Es ist sein 56. und wird sein letzter sein. Zehn Tage später wird sich der Diktator, der so viel Leid über die Menschheit gebracht hat, erschießen, um nicht lebend der Roten Armee in die Hände zu fallen.

Es ist stockfinster und totenstill in dieser Nacht. Keine Straßenlaterne spendet Licht und auch aus den Fenstern fällt kein Lichtschein auf die Straßen von Mittelbexbach. Es herrscht, wie in diesen Zeiten üblich, Ausgangssperre. Sie dauert von acht Uhr abends bis zum nächsten Morgen um sechs und ist strikt einzuhalten.

Kurz nach zehn. Zwei Männer, Karl Klein und der 28-jährige Edmund Neufang, ignorieren die Anweisung der amerikanischen Militärregierung und huschen wie zwei Schatten durch die Dunkelheit, immer darauf bedacht, nicht gesehen und nicht gehört zu werden – weder von möglichen Zeugen, die zufällig aus den Fenstern sehen könnten, noch von amerikanischen Soldaten, die das Einhalten der Ausgangssperre überwachen. Von der Bahnhofstraße, wo Karl Kleins Haus steht, führt sie ihr Weg die Susannastraße hinauf, an der heutigen Kolpingstraße vorbei, zur Dr.-Ludwig-Nieder-Straße. Ein Weg, der in wenigen Minuten zurückgelegt wird.

Das Ignorieren der Ausgangssperre sollte nicht ihre schlimmste Tat in dieser Nacht sein. In dieser Nacht, so ihr perfider Plan, soll der Polizeimeister von Bexbach, Johann Kerner, sterben.

Karl Klein, Edmund Neufang und sein Onkel Josef Schiestel, ein 35-jähriger Maurer aus Mittelbexbach, sind ein eingeschworenes Team, das unter anderem Diebstähle und Schwarzmarktgeschäfte betreibt. Anführer der Gruppe ist Klein und die beiden anderen gehorchen ihm. Zu dritt beschließen sie, Johann Kerner aus dem Weg zu räumen.

Was den Tathergang betrifft, so wird Neufang später verschiedene Versionen zu Protokoll geben. Es ist wahrscheinlich, dass folgende stimmt, denn auf Grund der Beweislage und der Zeugenaussagen ist sie die wahrscheinlichste. In der SR-Dokumentation *»Recht und Gnade im Strafvollzug«* aus dem Jahr 1970 wird Neufang diese Version auch gegenüber dem Fernseh-Journalisten Adalbert Hansen im Großen und Ganzen so wiederholen.

Es ist vorgesehen, dass Neufang und sein Onkel Josef Schiestel den Polizeimeister erschießen sollen. Schiestel war dazu bereit, denn er hasst Kerner dafür, dass dieser ihn als, wie es im damaligen Sprachgebrauch hieß, »Arbeitsscheuen« ins KZ Buchenwald überführen ließ. Ein Jahr, von 1938 bis 1939, muss Schiestel im Konzentrationslager verbringen, danach kann er wieder nach Mittelbexbach zurück – wozu Kerner seine Einwilligung in Form eines polizeilichen Führungszeugnisses gibt. Ohne dessen Einwilligung wäre eine Rückkehr Schiestels nach Mittelbexach nicht möglich gewesen.

Klein hat seinem Freund Schiestel während dessen Internierung regelmäßig Lebensmittelpäckchen ins Lager geschickt, so dass Schiestel Klein den Mordauftrag auch aus Dankbarkeit nicht abschlagen will. In der Tatnacht geht Neufang zu seinem Onkel, um ihn abzuholen. Schiestel weigert sich jedoch, jetzt wo es tatsächlich ernst wird, bei der Mordtat mitzumachen. So bleibt es an Neufang und Klein, die Tat zu begehen. Da er aus dem Ruhrgebiet stammt, sich in Bexbach nicht sonderlich gut auskennt und darum auch nicht weiß, in welchem Haus Kerner wohnt, sucht er Klein auf. Dieser begleitet ihn jetzt, um ihm das Haus zu zeigen. Neufang solle an der Haustür klopfen und wenn Kerner erscheine, solle er ihn erschießen.

Klein postiert sich an der Ecke Dr.-Ludwig-Nieder-Straße und Susannastraße, die ungefähr 20 Meter von Kerners Haus entfernt ist, und versteckt sich hinter einem Pfeiler.

Neufang geht zum Haus der Kerners in der Dr.-Ludwig-Nieder-Straße 2, und klopft an die Tür, aber es ist nicht Johann Kerner, der an die Tür kommt, sondern dessen Frau Katharina.

Neufang fragt, ob Kerner zu Hause sei. Nachdem sie bejaht, sagt er, dass ihr Mann sofort zum Bürgermeister kommen solle, es wäre etwas passiert. Dann geht er zurück zu Klein und gemeinsam warten die beiden, gut versteckt hinter dem Pfeiler und zusätzlich geschützt durch die nächtliche Dunkelheit, auf ihr Opfer. Sie haben von ihrem Standort aus einen guten Blick auf das Haus Kerners, schräg gegenüber auf der anderen Straßenseite. Und sie wissen, Kerner muss auf dem Weg zum Haus des Bürgermeisters zwangsläufig an ihnen vorbeikommen.

Katharina Kerner richtet ihrem Mann, der schon im Bett liegt, die Botschaft aus. Beschwört ihn aber gleichzeitig, der Aufforderung nicht zu folgen, da ihr der Überbringer nicht geheuer scheint. Außerdem hat Kerner eine Verletzung am Fuß und kann schlecht laufen. Was kann schon so dringend sein, dass es nicht Zeit bis zum nächsten Tag hat?

Johann Kerner, der ja als korrekt und pflichtbewusst gilt, ignoriert die Einwände seiner Frau. Er steht auf, zieht sich an und geht mit einer Taschenlampe hinaus in die Nacht.

Woher weiß Kerner, ob der Bürgermeister ihn im Rathaus oder bei sich zu Hause erwartet? Davon hat der nächtliche Bote an der Tür nichts gesagt. Kerner nimmt wohl an, dass auf Grund der späten Stunde, sich Klein nicht mehr im Rathaus aufhält, sondern in seinem Privathaus anzutreffen ist. Deswegen überquert er die Dr.-Ludwig-Nieder-Straße, um rechts abzubiegen und die Susannastraße hinunter zu gehen – und damit nichts ahnend genau auf seine Mörder zu treffen.

Würde er zum Rathaus gehen, bliebe er auf seiner Seite der Straße, da er dann an der Ecke links abbiegen müsste. Würde er auf dieser Straßenseite gehen, hätte er vielleicht die Möglichkeit, die beiden rechtzeitig zu erblicken.

Sein Gang Richtung Bahnhofstraße, wo ihn der Bürgermeister angeblich in einer dringenden Angelegenheit erwartet, endet schon nach wenigen Schritten. Es ist ungefähr zwanzig nach zehn, als er seinen Mördern gegenübersteht.

Karl Klein, der Bürgermeister von Mittelbexbach, erwartet ihn nicht zuhause, sondern schon hier, an der Ecke Dr.-Ludwig-Nieder-Straße und Susannastraße. Doch Klein gibt sich noch nicht zu erkennen. Er schiebt Neufang aus dem Versteck auf den Gehweg, wo ihm Johann Kerner nun gegenübersteht. Neufang schießt, angeblich hält er die Waffe absichtlich tief und trifft Kerner in den Bauch. Er will ein zweites Mal schießen, aber die Pistole hat aus unerfindlichen Gründen Ladehemmungen. Er habe den Johann

Der Tatort

Kerner nicht töten wollen, wird er später aussagen und darum habe er auf den Bauch gezielt. Warum er dann überhaupt schießt und auch noch ein zweites Mal abdrückt, bleibt sein Geheimnis. Wie es so viele offene Fragen und Unklarheiten in diesem Fall gibt.

Nach dem Schuss wird Neufang von Panik erfasst, als Kerner den Strahl der Taschenlampe auf sein Gesicht hält. Neufang glaubt sich erkannt, rennt davon und wirft auf der Flucht die Waffe weg. Während er vom Tatort davonrennt, hört er einen zweiten Schuss. Er glaubt in seiner Panik, dass Kerner sich aufgerichtet hat und hinter ihm her schießt. Das ist ein Irrtum, denn was Neufang in seinem Rücken hört, ist der Schuss, der den 53-jährigen zweifachen Familienvater Johann Kerner tötet. Und als Schütze kommt nur einer in Frage, der einzige der noch am Tatort verblieben ist, nämlich Karl Klein.

In einer weiteren Version sagt Neufang aus, er habe gesehen, wie Klein geschossen hat. Dies hieße, er ist weggerannt, stehen geblieben und hat sich umgedreht. Diese Aussage widerruft er aber wieder. Ebenso wie die Aussage, er wäre der alleinige Täter gewesen. In wie weit die Aussagen in diesem Fall überhaupt glaubhaft sind, kann man nur beurteilen, wenn man die Zeitumstände berücksichtigt. Ist doch in jenen Tagen eine harte Gangart gegenüber Verdächtigen bei Verhören nicht unüblich. Vor allem die Sûreté, der berüchtigte Polizeidienst der Franzosen, die am 10. Juli 1945 das Saarland von den Amerikanern übernehmen, ist bekannt dafür, bei ihren Verhören nicht zimperlich zu sein und so kommt eben auch mitunter einmal ein Geständnis zustande, das mit der Wahrheit nichts gemein hat.

Im Autopsiebericht, der zwei Wochen später von Professor Dr. Rotter, dem Leiter des Pathologischen Instituts in Homburg, verfasst wird, kann man nachlesen, dass der erste Schuss, den Edmund Neufang abgab, den Beckenmuskel durchschlug und den linken Beckenknochen teilweise aufsplitterte. Dieser Schuss hat nicht zum Tod des Polizeimeisters geführt. Erst der zweite Schuss, ein Durchschuss in den Hals, der auf den wehrlos am Boden liegenden Mann abgefeuert wurde, war sofort tödlich.

Trotz der Ausgangssperre ist in dieser Nacht noch ein anderer Mann in Mittelbexbach unterwegs und wird zu einem wichtigen Zeugen. Er heißt Axel Engel und arbeitet als Dolmetscher für die Gemeinde Mittelbexbach. Zuvor war der 27-jährige Mann für die deutsche Besatzung in Frankreich in gleicher Profession tätig.

Engel kommt vom Rathaus und geht die Straße Im Gligger entlang Richtung Susannastraße. Dort wohnt seine Schwester, der er einen späten Besuch abstatten will. Er hört einen Schuss und glaubt im ersten Augenblick, dass es amerikanische Soldaten sind, die auf Zivilisten schießen, die trotz Ausgangssperre unterwegs sind. Um nicht selbst in Bedrängnis zu geraten, geht er vorsichtig weiter Richtung Susannastraße.

Jetzt sieht er einen Mann die Susannastraße hinauf Richtung Wellesweilerstraße rennen. Unmittelbar danach hört er einen weiteren Schuss und ein zweiter Mann rennt die Susannastraße hinunter Richtung Bahnhof.

Folgt man also der Aussage Engels, so können beide Schüsse nicht von einem Täter abgegeben worden sein. Damit deckt sich seine Aussage mit der Neufangs über den Tathergang. Später wird Engel den ersten flüchtenden Mann anhand eines Fotos als Edmund Neufang identifizieren. Demgemäß hat Karl Klein den zweiten, tödlichen Schuss auf den wehrlosen Polizeimeister abgegeben.

Durch die Schüsse und Kerners Todesschreie alarmiert, stürzen die Nachbarn und die Familie Kerner auf die Straße, aber dem Polizeimeister kann keiner mehr helfen. Alex Engel erreicht Sekunden später den Tatort und sieht den toten Polizeimeister auf dem Gehweg liegen.

Er eilt davon und informiert sofort die amerikanischen Wachen, die im Bahnhofsgebäude untergebracht sind. Mit zwei Soldaten geht er zum Haus von Karl Klein in der Nähe des Bahnhofs, wo dieser mit seiner Frau und seiner zwölfjährigen Tochter Ruth lebt. Da Klein der Bürgermeister von Mittelbexbach ist, soll er über das Geschehen informiert werden.

Trotz lautstarkem Klopfen, die Soldaten hämmern sogar mit den Gewehrkolben gegen die Haustür, dauert es zehn Minuten, bis Klein aus einem Fenster im ersten Stock schaut. Mehr als drei Jahre später, bei der Verhandlung vor der Ersten Saarbrücker Strafkammer wird man ihm vorwerfen, dass er sich in diesem Zeitraum von eventuellen Spuren der Tat säubern wollte beziehungsweise sich beruhigen musste, um keinen Verdacht zu erregen. Er selbst wird die Verzögerung damit erklären, dass er sich gerade die Füße gewaschen habe.

Wenn es so war, wie Klein behauptet, fragt man sich heute vielleicht, warum seine Frau oder seine Tochter die Haustür nicht an seiner Stelle geöffnet oder zumindest an ein Fenster gegangen sind, um nachzusehen was los ist. Dann ist die Antwort vielleicht in den Zeitumständen zu suchen, wo Frauen immer noch Angst vor feindlichen Soldaten hatten. Vergewaltigungen waren nicht selten.

Axel Engel berichtet ihm, was passiert ist und Klein geht mit den Soldaten und Engel zum Haus der Familie Kerner.

Die Leiche von Johann Kerner ist in der Zwischenzeit in dessen Haus in der Dr.-Ludwig-Nieder-Straße 2 aufgebahrt worden. Die Familie steht verständlicherweise unter Schock. Das bemerkt auch Klein, der in Begleitung Engels und der beiden amerikanischen Soldaten im Haus auftaucht, sein Beileid ausspricht und sie zum Tathergang befragt.

Ist er dazu überhaupt befugt? Die amerikanischen Soldaten in seiner Begleitung unterbinden es zumindest nicht, was natürlich auch sprachlichen Verständigungsschwierigkeiten geschuldet sein kann. Aber noch gilt der Bürgermeister von Mittelbexbach nicht als Verdächtiger.

Warum befragt Klein die Anwesenden? Wenn man davon ausgeht, dass er der Täter ist, ist es offensichtlich. Er will in Erfahrung bringen, ob es Zeugen für die Tat gibt und wenn ja, was diese gesehen beziehungsweise gehört haben. Wenn es so ist, kann Klein in dieser Nacht sehr zufrieden sein.

Katharina Kerner, die wie ihre beiden Kinder völlig unter Schock steht, kann nichts Sachdienliches aussagen und zu diesem Zeitpunkt auch nichts über den Mann, der an ihre Haustür geklopft und ihren Mann auf die Straße gelockt hat. Erst bei einer späteren Vernehmung wird sie zu Protokoll geben, dass sie Josef Schiestel erkannt hat.

Eine Verwechslung? Das wäre möglich. Josef Schiestel ist der jüngere Bruder von Neufangs Mutter und daher ist eine Familienähnlichkeit zwischen Schiestel und Neufang nicht ausgeschlossen. Auch altersmäßig liegen die beiden nicht so weit auseinander, wie man es von Onkel und Neffe erwarten würde. Josef Schiestel ist 35 Jahre alt und Edmund Neufang 28. Aber etwas ist unverkennbar. Schiestel spricht den in Bexbach üblichen Dialekt, den auch Frau Kerner spricht. Neufangs sprachliche Sozialisation hingegen liegt im Ruhrpott.

Es wird vieles versäumt, das sich später nicht mehr klären lässt. Frau Kerner zum Beispiel hätte man eine Sprechprobe der beiden Männer vorspielen müssen, um diese Ungereimtheit zu erklären und eine klare Zeugenaussage zu erhalten.

Was den Todesschützen anbelangt, weiß Katharina Kerner nichts zu berichten und hat zu diesem Zeitpunkt keine Ahnung, dass er ihr womöglich gerade, neben der aufgebahrten Leiche ihres Mannes, gegenübersteht.

Warum sie einem Mann ohne Armbinde überhaupt die Tür geöffnet habe, will Klein von Katharina Kerner wissen.

Die Männer mit den weißen Armbinden, auf denen Police oder Hilfspolizei steht, sind Hilfspolizisten, die von der amerikanischen Militärregierung eingesetzt werden. Sie sind unbewaffnet, tragen zivile Kleidung oder eingefärbte alte Uniformen ohne Hoheitsabzeichen und helfen dabei, die Ordnung halbwegs aufrechtzuerhalten. Im Gegensatz zu den Zivilisten können die

Hilfspolizisten, auf Anordnung, auch während der Sperrzeit auf den Straßen unterwegs sein.

Woher weiß Karl Klein, so fragt sich Frau Kerner später und wird das auch zu Protokoll geben, dass der Mann, der an die Haustür geklopft und dem sie geöffnet hat, keine Armbinde trug? Auch Axel Engel, der Karl Klein zusammen mit den beiden amerikanischen Soldaten zum Tatort und zu Frau Kerner begleitet hat, hört diese Frage und wird das Gehörte später ebenfalls zu Protokoll geben.

Verdacht und Verhaftung

Am nächsten Tag hält Karl Klein im Rathaus wieder seine Sprechstunde für die Mittelbexbacher Bürger ab, die sich mit ihren Sorgen und Nöten an ihn als ihren Bürgermeister wenden.

In der Reihe der Bittsteller und Fragenden steht auch Edmund Neufang, der gekommen ist, um sich für die ausgeschriebene Hausmeisterstelle in der Alten Schule in Mittelbexbach zu bewerben. Klein gibt ihm diese Stelle. In der Gerichtsverhandlung von 1948 wird diese Anstellung als Belohnung für die Tat angesehen werden, die schon von vorneherein so vereinbart war. Außerdem schenkt Klein Neufang ein Radiogerät, ein in der damaligen Zeit kostbares Geschenk. Vor allem wenn man bedenkt, dass die Bevölkerung in diesen Tagen von den Amerikanern zur Herausgabe aller Radiogeräte aufgefordert wird.

Klein wird es später zu Protokoll geben, dass Neufang ihm an diesem Morgen im Rathaus den Mord an Kerner gestanden hätte, er ihn aber aus Freundschaft und kommunistischer Solidarität gedeckt habe.

Der Mord an ihrem Polizeimeister beschäftigt die Mittelbexbacher trotz eigener Sorgen und Nöte. Es wird viel gemutmaßt und bald fällt der Name seines größten Widersachers Karl Klein.

Der Tatort wird nicht untersucht. Es werden keine Spuren gesichert. Ein Vorgehen, das zeigt, wie wenig Interesse an der Aufklärung dieses Verbrechens besteht. Die Prioritäten sind anders gesetzt in diesen Tagen, in denen es primär um die Grundversorgung der Bevölkerung geht – Obdach, Nahrung, medizinische Betreuung und Versorgung mit Wasser, Heizmaterial und Strom. Und Sicherheit für die Zivilbevölkerung vor Plünderungen.

Am Morgen nach der Tat findet ein Nachbar Kerners zufällig die Geschosshülsen und Patronen des Kalibers 9 Millimeter. Aus einer Waffe Kaliber 9 Millimeter wurden die Schüsse auf Johann Kerner abgegeben. Eine der gefundenen Patronen ist vom zweiten, tödlichen Schuss in den Hals des Opfers, der ein Durchschuss war.

Axel Engel identifiziert Edmund Neufang anhand eines Fotos, als den Mann, den er in der Tatnacht die Susannastraße hinauf rennen gesehen hat. Von Neufang ist es gedanklich ein kurzer Weg zu Josef Schiestel und Karl Klein. Die drei sind ja bekanntlich ein eingespieltes Team, wenn es um Schwarzschlachtungen, Schwarzmarkt und Diebstähle geht, wobei Klein der Anführer ist. Und da die drei, wie Josef Johann in der Dokumentation *»Die großen Kriminalfälle – Der Mörder in der Mülltonne«* berichtet, am Rande der Bexbacher Gesellschaft leben, traut ihnen jeder das Verbrechen zu.

Neufang, sein Onkel Josef Schiestel und Karl Klein werden am 23. April 1945 festgenommen und von der Homburger Gendarmerie verhört. Und noch ein vierter Mann wird verhaftet, der nicht zu der berüchtigten Mittelbexbacher Clique gehört. Es ist Adolf Brass, der mit Klein die Streichhölzer nach Kiew gebracht hat. Brass, der als einer der wenigen in der Nachkriegszeit ein Auto aus alten Armeebeständen besitzt, ist jetzt der Chauffeur des Bürgermeisters Klein, so wie er schon der Chauffeur des ermordeten Vorgängers Kerner war.

Die vier Männer beteuern ihre Unschuld. Der Fall wird den Amerikanern übergeben und die Verdächtigen werden in der Kommandantur in Homburg verhört. Es werden bei allen vieren Hausdurchsuchungen durchgeführt. Bei Neufangs Hausdurchsuchung wird man fündig. Man findet eine Pistole. Jedoch ist es nicht die Tatwaffe Kaliber 9 Millimeter, sondern eine Kaliber 7,65 sowie die dazugehörige Munition. Klein und Neufang führen angeblich ständig Waffen bei sich.

Da jeglicher Waffenbesitz untersagt ist, wird Neufang vom amerikanischen Militärgericht zu einem Jahr Gefängnis und einer Geldstrafe von 500 Dollar verurteilt.

Klein, Schiestel und Brass werden, da sich der Tatverdacht gegen sie nicht erhärten lässt, im Juni 1945 von der amerikanischen Militärregierung aus der Untersuchungshaft entlassen.

Ob diese Entlassung auf Grund eines rechtmäßigen Urteils erfolgt ist oder nur auf Grund einer Haftprüfung, wird drei Jahre später die entscheidende Frage sein, wenn es vor einem saarländischen Gericht für Klein und Neufang um Leben und Tod gehen wird.

Einen Monat später ziehen sich die Amerikaner vereinbarungsgemäß aus dem Saarland zurück und die Franzosen sind die neue Besatzungsmacht *en Sarre*.

Wie kommt es dazu?

Mehr als zwei Monate vor der Tat, im Februar 1945, während der Zweite Weltkrieg noch andauert, aber sein baldiges Ende schon in Sicht ist, treffen sich die alliierten Führer Josef Stalin (UdSSR), Winston Churchill (Großbritannien) und Franklin D. Roosevelt (USA) im Badeort Jalta auf der Krim. Das Treffen wird später unter dem Begriff »Jalta-Konferenz« in die Geschichte eingehen. Auf dieser Konferenz geht es unter anderem um die europäische Neuordnung und um die Aufteilung Deutschlands nach dem Krieg.

Für die saarländische Geschichte ist es von immenser Bedeutung, dass bei der »Jalta-Konferenz« auf Drängen von General Charles de Gaulle beschlossen wird, Frankreich den Status einer Siegermacht zuzuerkennen und als vierte Besatzungsmacht zu akzeptieren.

Nach dem Krieg will Frankreich das gesamte linksrheinische Gebiet von Deutschland abtrennen, stößt mit diesem Wunsch aber auf den Widerstand der übrigen Alliierten, die einer Gebietsverschiebung im Westen nicht zustimmen.

Um die Franzosen nicht ganz zu vergrätzen, stimmt man aber wenigstens der Abtrennung des Saarlandes von Deutschland zu. Es wird aus der französischen Besatzungszone herausgelöst und erhält einen Sonderstatus.

Die Kohlegruben sowie die Eisen- und Stahlindustrie stehen fortan unter französischer Verwaltung und der Personen-, Zahlungs- und Güterverkehr zwischen dem Saarland und Deutschland wird unterbunden.

Ab dem 10. Juli 1945 weht statt *Stars and Stripes* jetzt *Le Tricolore* im Saarland und der 14. Juli (französischer Nationalfeiertag) wird auch hier als Feiertag eingeführt. Der erste Militärgouverneur des Saarlandes ist General Morlière, der Ende August 1945 von Colonel Grandval abgelöst wird.

Auch in Homburg löst am 10. Juli 1945 die französische Kommandantur die amerikanische ab und bezieht den Homburger Hof als Hauptquartier.

Was geschieht mit den Akten des Mordfalls Kerner? Werden sie von den Amerikanern an die Franzosen übergeben? Werden sie vernichtet? Verschwinden sie auf unerklärliche Weise? Fragen, die drei Jahre später von existenzieller Bedeutung sein werden.

Karl Klein ist zu dieser Zeit nicht mehr Bürgermeister von Mittelbexbach. Sein Nachfolger Peter Will ist schon im Amt.

Edmund Neufang sitzt seine Gefängnisstrafe wegen unerlaubtem Waffenbesitz ab. Klein schickt ihm Lebensmittel und Zigaretten ins Gefängnis. Auch das wird sich später bei der Verhandlung negativ für Karl Klein auswirken. Denn ebenso wie die Hausmeisterstelle und das geschenkte Radio werden auch die Päckchen als Belohnung für die Beteiligung an der gemeinsamen Mordtat hingestellt werden.

Neufang wird von seiner Frau gedrängt, die Wahrheit über die Nacht vom 20. April 1945 zu sagen. Er gibt ihrem Drängen nach und macht eine Aussage. Und so kommt es, dass sich die Sûreté des Falles annimmt. Klein, Schiestel und Brass werden im Mai 1946 erneut verhaftet.

Neufang sagt aus, er habe die Tatwaffe bei seiner Flucht vom Tatort weggeworfen. Und tatsächlich wird sie an der Stelle, die er angibt, gefunden. Und das noch ein Jahr nach dem Mord! Obwohl man die Waffe jetzt untersuchen und prüfen könnte, ob die Patronen tatsächlich aus ihr abgeschossen wurden, wird nichts dergleichen getan. Ein weiteres Versäumnis, das eine gerechte Beurteilung der Tat erschwert.

Wenn Neufang die Waffe bei seiner Flucht weggeworfen hat, muss Klein ebenfalls eine Pistole des Kalibers 9 Millimeter bei sich gehabt haben. Eine zweite Waffe dieses Kalibers wird jedoch nie gefunden. Einen Hinweis zu dieser zweiten, nie gefundenen Waffe hat vielleicht Inge Plettenberg entdeckt. In dem Begleitbuch zur Reihe *»Die großen Kriminalfälle«* zitiert sie Adolf Brass mit den merkwürdigen Worten:

> »Da war eine Mauer, wie man nachher festgestellt hat, wo die Pistole war, die der Klein gehabt hat, wo der eine Schuss gefehlt hat, der genau zu dem Projektil gepasst hat, das der Kerner noch im Körper hatte. Das ist keine Phantasie von

mir, sondern das hat das Gericht ja alles festgestellt. Die haben zu Hause [bei Klein] alles links gemacht und haben das gefunden.«

Eine Aussage, die so gar nicht zu dem Hergang der Tat passt, war doch der tödliche Schuss in den Hals – ein Durchschuss. Daher kann das Projektil nicht im Körper des Opfers gefunden worden sein.

Am 20. Mai 1947 wird der Mordfall Johann Kerner den saarländischen Behörden übergeben und die Verdächtigen werden nach Saarbrücken überführt.

Für die Saarländer steht in der zweiten Hälfte des Jahres die erste Landtagswahl an. Zur Wahl zugelassen sind nur die Parteien, die nicht für eine Wiedervereinigung mit Deutschland eintreten. Am 5. Oktober 1947 wird die Christliche Volkspartei (CVP) mit 51,2 % der Stimmen zur stärksten Partei gewählt, die mit der Sozialdemokratischen Partei des Saarlandes (SPS) eine Koalition eingeht. Erster saarländischer Ministerpräsident wird Johannes Hoffmann von der CVP. Am 8. November 1947 wird die saarländische Verfassung verabschiedet und der autonome Staat namens Saarland gegründet. Ein Staat, in dem es noch die Todesstrafe gibt.

Gegen Neufang und Klein die Todesstrafe beantragt

Der dritte Verhandlungstag im Mittelbexbacher Mordprozeß

Auch am dritten Verhandlungstag vor der ... Saarbrücker Strafkammer in dem Mit... telbexbacher Mordprozeß ist der Zuschauer... dicht gedrängt besetzt. Mit Spannung werden die Plaidoyers des Staatsanwalts und der vier Rechtsanwälte erwartet. Zunächst ... sind noch einige Zeugenvernehmungen und die Verlesung von vier Niederschriften des inzwischen verstorbenen damals 27jähri... Engel, der sich als Dolmetscher betätigte und den Polizeimeister Kerner seit jungen Jahren gut kannte. Aus seinen Aussagen geht hervor, daß zwei am Tatort gewesen sein müssen, als die Schüsse fielen, und er zwei ... in entgegengesetzter Richtung habe ... sehen. An einer Stelle sagte Engel ... am 7. Mai vor der Homburger ... möglich

...tärischen, wirtschaftlichen und moralischen Zusammenbruchs, wo Personen durch Täuschung der Alliierten in Stellungen kamen, in die sie nie gehörten. Das Ungewöhnliche selbst für damalige Verhältnisse war das Verhalten des „Bürgermeisters“ Klein, der daraufhin gearbeitet hat, den ihm unliebsamen Kerner zu beseitigen. Der Staatsanwalt behandelte dann in allen Einzelheiten den Hergang und all das, was sich aus der Vernehmung der vielen Zeugen, über die wir ausführlich berichteten, ergeben hat.

Es erhebt sich nun die Kardinalfrage: War Neufang der alleinige Täter oder hat Klein den zweiten tödlichen Schuß abgegeben? Das anfänglich anzunehmende politische Motiv entfällt völlig. Es sei aber nichts Neues, wie der Staatsanwalt bemerkte, daß ein gemeiner ... Tat ein politisches Mäntel...

nicht abgegeben worden, sondern der zweite Schuß von einer zweiten Person, und diese zweite Person sei Klein gewesen. Daß Klein der zweite Täter gewesen sei, gehe auch aus seinem höchst eigenartigen Verhalten nach der Tat hervor, da er erst nach mehr als zehnminütigem heftigsten Klopfen der amerikanischen Wache geöffnet habe. Schwer belastend für Klein ist die auch von dem verstorbenen Engel bezeugte Frage an Frau Kerner kurz nach der Tat: „Wie konnten Sie einem Manne, der keine Armbinde hatte, die Türe öffnen?“ Am selben Tage, an dem Kerner erschossen wurde, habe Neufang die Hausmeisterstelle übertragen bekommen. Der Brief trage das Datum vom Tage der Mordtat. Wenn auch der Brief, wie Klein angebe, erst am nächsten Tag geschrieben worden sei, dann belaste das den Angeklagten Klein noch mehr. Diese Tat sei von dem Angeklagten ... und unterstützt wor...

Saarländische Volkszeitung vom 10. Juni 1948

Vor Gericht

Am 4. Juni 1948, morgens um neun Uhr beginnt der Prozess vor der Ersten Saarbrücker Strafkammer. Das Interesse der Öffentlichkeit an diesem Fall ist enorm. Das Publikum sitzt dicht gedrängt im Zuschauerraum.

Den Vorsitz hat Landgerichtsrat Dr. Jochum. Vertreter der Anklage ist der Erste Staatsanwalt Dr. Heiden. Insgesamt sind 40 Zeugen geladen. Eine erstaunliche Anzahl, wenn man bedenkt, dass unmittelbar nach dem 20. April 1945 keiner aussagen wollte. Aber in der »Stunde null« wollte man bei den neuen Machthabern nicht auffallen und das Risiko eingehen, vielleicht selbst durchleuchtet und durch die Mangel gedreht zu werden. Denn das Erste, was man machen musste, wenn man vorstellig wurde, war, einen Fragebogen auszufüllen.

Angeklagt an diesem 4. Juni 1948 sind Karl Klein und Edmund Neufang wegen Mordes. Josef Schiestel, der für die Tatnacht ein Alibi hat und als Täter nicht in Frage kommt, wird wegen Beihilfe zum Mord angeklagt. Die drei Angeklagten werden von vier Rechtsanwälten vertreten.

Die *Saarländische Volkszeitung* titelt am nächsten Tag: »Meuchelmord aus politischem Hass« und veröffentlicht über den ersten Prozesstag einen Artikel, der mehr wie die Anklageschrift eines Staatsanwalts klingt:

> »Freitag morgen nach 9 Uhr begann vor der Ersten Saarbrücker Strafkammer der Prozeß um den Mord an dem Mittelbexbacher Polizeimeister Kerner. Damit wird eine ruchlose Tat ihre Sühne finden, die über drei Jahre zurückliegt und selbst damals schon, als durch die Ereignisse des Krieges die Rechtsbegriffe allgemein sehr verschwommen waren, und niedrigste Instinkte an Haß und Trieben sich auslösten, viel Aufsehen und große Erregung verursachte. Der Mord geschah in den späten Abendstunden des 20. April 1945. Der Vormarsch der Alliierten war gerade einen Monat über unser Land hinweggegangen. Die Angeklag-

> ten, Metzgermeister und Landwirt Karl Klein, Bergmann und Hausmeister Edmund Neufang und der Bergmann Josef Schiestel hegten schon tagelang vorher die Absicht, den Polizeimeister zu beseitigen, der von amtswegen von dem keineswegs einwandfreien Vorleben der drei gewußt haben muss. Kerner galt allgemein im Ort als ordentlicher, pflichtbewusster Mensch und Beamter. Er war ja auch nach dem Einmarsch der Amerikaner auf seinem Posten belassen worden. Die drei, die sich als Antifaschisten bezeichnen und damals ein Herz und eine Seele waren, suchen heute jeder für sich zu retten, was möglich ist. Klein wurde damals als kommissarischer Bürgermeister von Höcherberg-Mittelbexbach eingesetzt. Er und seine seit 1943 guten Bekannten und heutigen Mitangeklagten hielten nun ihre Zeit für gekommen, um wie Neufang in seiner Vernehmung selbst sagte, in der gesetzlosen Zeit mit den Nazis aufzuräumen.

Gegen Adolf Brass wird keine Anklage erhoben, da er ein stichhaltiges Alibi vorweisen kann. Zur Tatzeit war er mit einem amerikanischen Offizier zusammen. Warum er zuvor jedes Mal mit den anderen dreien verhaftet wird, wenn er ein Alibi hat? Wegen Mitwisserschaft? Weil er der Fahrer des Bürgermeisters war? Oder weil seine Vermieterin, die Hebamme Theresia Omlor aus der Niederbexbacher Straße, in deren Haus er wohnte, damals ausgesagt hat, sie hätte am Tatabend gesehen, wie er das Haus verlassen habe? Wiederholen kann Frau Omlor ihre Aussage vor Gericht nicht mehr, denn die 61-Jährige stirbt im Oktober 1946 unter äußerst mysteriösen Umständen, nachdem sie von der Sûreté verhaftet und nach Homburg ins Gefängnis gebracht wurde. Warum die bis dahin unbescholtene und sehr angesehene Frau überhaupt im Gefängnis war, ist unbekannt.

Vor Gericht ist Josef Schiestel sehr schnell aus dem Schneider, der nur wegen Beihilfe zum Mord angeklagt ist. Der Staatsanwalt beantragt für ihn Freispruch. Betont jedoch ausdrücklich, dass dieser Freispruch wegen mangelnder Beweise und nicht wegen erwiesener Unschuld erfolge.

Eng wird es für Klein, da sich Zeugen gemeldet haben und aussagen, dass sie ihn in der Tatnacht auf der Straße gesehen haben, wie er Richtung Bahnhof gerannt ist. Das Gericht befragt auch Frau Klein zu ihrer Aussage, die diese 1946 vor der Sûreté gemacht hat. Damals hat sie zu Protokoll gegeben, ihr Mann sei in der Tatnacht zwischen 21:15 Uhr und 22:40 Uhr nicht zu Hause gewesen.

Wenige Tage nach ihrer Aussage bei der Sûreté zog sie diese für ihren Mann belastende Aussage wieder schriftlich zurück. Das Gericht in Saarbrücken schenkt dem Widerruf jedoch keinen Glauben. Denn nach ihrer belastenden Aussage und während ihr Mann in Homburg in Untersuchungshaft saß, hielt sich Frau Klein häufig in der Nähe des Gefängnisses auf. Klein soll mehrere Kassiber aus dem Fenster des Gefängnisses geschleudert und so seiner Frau Instruktionen erteilt haben. Die dazu benutzte Schleuder liegt dem Gericht als Beweismittel vor.

Während in Saarbrücken der Mordprozess mehrere Tage andauert, noch andere Zeugen gehört und die Nacht vom 20. April 1945 rekapituliert wird, geht das Leben im Saarland weiter.

Die Lebensmittel sind noch immer rationiert, die Menschen versuchen sich zu arrangieren und, so gut es geht, über die Runden zu kommen.

Die Bevölkerung wird darauf hingewiesen, dass die Saarmark zu einem Wechselkurs von 20 Francs je Saarmark nur noch bis zum 30. Juni 1948 umgetauscht werden kann.

Das Verschicken von so genannten Familienpaketen aus dem Saarland an Angehörige in Deutschland wird strengstens untersagt.

Das Amt für Preisbildung und Wirtschaftskontrolle gibt bekannt, dass der Brotpreis pro Kilogramm, mit Wirkung vom 7. Juni 1948, 22 Francs betragen wird.

In Sulzbach hält die Kommunistische Partei des Saarlandes am 10. Juni 1948 ihren Parteitag ab, der ohne den Genossen Karl Klein stattfinden muss.

In Mittelbexbach wird der Felder'sche Männergesangverein neu gegründet.

Ebenfalls in Mittelbexbach findet in diesen Tagen die Sportwerbewoche statt, bei der die Fußballmannschaft von Mittelbexbach 2:0 gegen Oberbexbach gewinnt. Ebenfalls siegreich sind die Mittelbexbacher Tischtennisspieler, die gegen die Spieler von Beeden 8:3 gewinnen. Die Handballmannschaft von Mittelbexbach jedoch verliert 5:11 gegen Niederwürzbach.

Und in der *Saarländischen Volkszeitung* vom 5. Juni 1948 kann man unter der Überschrift *Umschau im Kreis* folgende Meldung lesen:

> »... Einbrecher hinter Schloß und Riegel
> Mittelbexbach. Die Abwesenheit des Inhabers der Gastwirtschaft Klein benutzte der etwa 22 Jahre alte Sp. von hier zu einem Einbruch in die Gaststätte, wobei diesem etwa 45000 Franken und mehrere Flaschen mit Spirituosen in die Hände fielen. Die sofort aufgenommenen Ermittlungen führten zur alsbaldigen Festnahme des Täters ...«

Unterdessen hält der Staatsanwalt Dr. Heiden nach Abschluss der Beweisaufnahme vor der Ersten Saarbrücker Strafkammer sein Plädoyer. In scharfen Worten verurteilt der Staatsanwalt zuerst den Versuch Neufangs, die Tat vor Gericht als politisch motiviert darzustellen. Klein, Schiestel und er hätten, als überzeugte Antifaschisten, die gesetzlose Zeit ausnutzen und mit den Nazis abrechnen wollen und Johann Kerner wäre einer der schlimmsten gewesen.

Dr. Heiden führt weiter aus, er sähe es als erwiesen an, dass sich die Tat so abgespielt hat, wie es Neufang ursprünglich ausgesagt habe.

Neufang hat den Polizeimeister Kerner in der Nacht des 20. April 1945 aus dem Haus gelockt und ihm, zusammen mit Klein an der Ecke Dr.Ludwig-Nieder-Straße und Susannastraße aufgelauert. Neufang gab den ersten Schuss ab und flüchtete. Klein gab den zweiten, tödlichen Schuss ab.

Diese Aussage wird auch durch die damalige Aussage Axel Engels bestätigt, die der Staatsanwalt verlesen lässt.

Axel Engel selbst kann nicht mehr vor Gericht aussagen. Er wird 1946 von den Franzosen verhaftet und stirbt unter sehr fragwürdigen Umständen in der Haftanstalt. Offiziell wird Selbstmord angegeben. Jedoch spricht dagegen, dass Axel Engels Leiche Spuren massiver Gewalt aufwies. Ein Umstand, der nie geklärt werden wird.

Als Motiv bei dem Mord an Polizeimeister Johann Kerner sieht der Staatsanwalt bei Neufang reine Habsucht. Er wollte die Hausmeisterstelle haben und hat deshalb bei dem Mordkomplott mitgemacht.

Als er auf die Persönlichkeit Kleins zu sprechen kommt, sagt der Staatsanwalt, dieser sei ein Mensch ohne Hemmungen, der schon öfter mit dem Gesetz in Konflikt geraten sei. Kerner habe zu viel über ihn gewusst, seine kriminellen Machenschaften, seine Mitarbeit bei der Gestapo, darum habe er ihn getötet. Er wollte sein Amt als Bürgermeister auf keinen Fall verlieren.

Dr. Heiden führt in seinem Plädoyer weiter aus, dass es keine Rolle spielt, wer von den beiden Angeklagten letztendlich den tödlichen Schuss abgegeben habe. Beide hätten die Tat aus niedrigen Beweggründen begangen. Die Polizei müsse bei der Ausübung ihrer Tätigkeit in Schutz genommen werden. Johann Kerner sei ein vorbildlicher Polizeibeamter gewesen, der aus Pflichterfüllung in den Tod gegangen sei. Es können für diese Tat keine mildernden Umstände gelten.

»Ich verlange das Leben der beiden Angeklagten Neufang und Klein und die Aberkennung der bürgerlichen Ehrenrechte auf Lebenszeit!« ruft der Staatsanwalt zum Abschluss seines Plädoyers aus.

Am 9. Juni 1948 verkündet der Vorsitzende Richter Dr. Jochum das Urteil:

Edmund Neufang muss wegen versuchten Mordes für vierzehn Jahre ins Zuchthaus. Die Zeit in der Untersuchungshaft wird ihm angerechnet.

Karl Klein wird wegen Mordes zum Tode verurteilt. Tod durch die Guillotine.

Es vergehen acht Monate, in denen Edmund Neufang die ersten Monate seiner 14 Jahre dauernden Strafe absitzt und Karl Klein auf die Vollstreckung seines Todesurteils wartet. Acht Monate, in denen sich die Verteidiger (es sind jetzt nur noch zwei statt vier) der beiden Angeklagten auf die Berufungsverhandlung vorbereiten können, die am 14. Februar 1949 vor dem Saarbrücker Senat beginnt.

Den Vorsitz hat Senatspräsident Dr. Alfred Levy. Die Anklage vertritt der Erste Staatsanwalt Dr. Kammer.

In der *Saarländischen Volkszeitung* vom 15. Februar 1949 kann man folgendes lesen:

> »Mordprozeß Klein-Neufang vor dem Senat
> Am Montag, um 9 Uhr, begann vor dem Saarbrücker Senat die Berufungsverhandlung in dem Mittelbexbacher Mordprozeß Klein-Neufang. Den Vorsitz führt Senatspräsident Dr. Levy, die Anklage vertritt der Erste Staatsanwalt Dr. Kammer. Durch die Schwere der Anklage, einem Aufgebot von 35 Zeugen und einem dicht besetzten Zuschauerraum war wieder die Atmosphäre eines großen Tages gegeben. Die beiden Angeklagten wurden gefesselt vorgeführt.«

Dr. Alfred Levy hält zu Beginn des Prozesses die Zeugen dazu an, sich ihrer Verantwortung bewusst zu sein. Denn immerhin ginge es in letzter richterlicher Instanz um Leben und Tod.

Kleins Verteidiger Dr. Charles Levy beantragt, das Verfahren gegen seinen Mandanten einzustellen. Seiner Argumentation, dass das amerikanische Militärgericht in Homburg die Angeklagten Klein, Neufang, Schiestel und Brass im Mai 1945 von der Mordanklage freigesprochen hätten und darum der verfassungsrechtlich garantierte Grundsatz *ne bis in idem* (was soviel wie *nicht zweimal in derselben Sache* bedeutet) gälte, will Senatspräsident Dr. Alfred Levy nicht folgen. Das Gericht geht davon aus, dass es sich 1945 um kein rechtmäßiges Urteil gehandelt hat. Die Sitzungen des einfachen amerikanischen Militärgerichts werden lediglich als Haftprüfungstermine angesehen.

Neufang lässt dem Gericht durch seinen Anwalt Dr. Weber mitteilen, dass er den Rechtsspruch *ne bis in idem* für sich nicht in Anspruch nehmen wolle.

Nicht so Karl Klein. Verständlicherweise, ist es doch offensichtlich seine letzte Chance, lebend aus der Sache herauszukommen. Aber die Akten, die beweisen könnten, dass schon einmal ein Urteil gesprochen wurde, sind nicht mehr auffindbar. Da hilft auch nicht die Aussage seiner Frau, ein Amerikaner in Uniform namens John Jackson hätte sie 14 Tage nach dem Urteilsspruch im Juni 1948 aufgesucht und ihr mitgeteilt, ihr Mann sei vom amerikanischen Militärgericht freigesprochen worden. Die Akten, in denen das rechtmäßige Urteil zu finden sei, lägen in Frankfurt. Dieser John Jackson hätte auch ein Mal in ihrem Haus in Mittelbexbach übernachtet.

Auf Nachfrage der Ermittler in Frankfurt verneint die dortige Polizei jedoch, dass bei ihnen diese Akten vorlägen. Auch anderen Ortes werden sie nicht gefunden. Wo sie abgeblieben sind, kann nie geklärt werden.

»Glauben Sie noch an Märchen«, ist daher die harsche Reaktion des Senatspräsidenten Dr. Alfred Levy auf Frau Kleins Aussage.

Als ebenso merkwürdig wie das Auftauchen des Amerikaners John Jackson stufte das Gericht die Aussage einer Frau Barbara K. aus der Schillerstraße in Mittelbexbach ein. Frau K. hat in zwei Vernehmungen ausgesagt, sie hätte drei Männer am Tatort gesehen. Neufang, der den ersten Schuss abgegeben habe, Schiestel und einen weiteren Mann, der ihr jedoch unbekannt sei. Jetzt vor dem Berufungsgericht hält sie diese Aussage allerdings nicht weiter aufrecht.

Zu bemerken ist, dass man von ihrem Haus in der Schillerstraße aus, den Tatort nicht sehen kann. Oder war die Zeugin Barbara K. in der Mordnacht trotz Ausgangssperre ebenfalls unterwegs?

In einem Artikel der *Saarländischen Volkszeitung* vom 17. Februar 1949 wird das Auftreten dieser Zeugin für heutige Verhältnisse sehr rigoros und parteiisch dargestellt:

> »... Es erschien recht deutlich, wer diese geistig arme und zur Zeit kranke Frau nach vier Jahren in den Prozess hineinlanciert hat. Sie blieb die Antwort schuldig, wer auf sie eingewirkt hat. Auch dieser letzte Trumpf, den die Umgebung Kleins ausspielen wollte, wurde vor dem Senat zu einer komischen Figur. Wie der Erste Staatsanwalt später sagte, habe Frau K... es nur ihrer Krankheit zu verdanken, dass sie heute habe wieder nach Hause gehen dürfen.«

Interessant wird diese Aussage der Zeugin jedoch, wenn man sich daran erinnert, dass Frau Kerner ursprünglich ebenfalls Josef Schiestel als den Mann erkannt zu haben glaubte, der an ihre Tür geklopft hat.

Der Staatsanwalt Dr. Kammer fordert wie sein Kollege Dr. Heiden in der Vorinstanz für Karl Klein und Edmund Neufang die Todesstrafe. Denn beide hätten den Polizeimeister Johann Kerner (den der Staatsanwalt Dr. Kammer persönlich gut gekannt und geschätzt hat) aus niedrigen Beweggründen töten wollen.

Der Erste Senat unter dem Vorsitz von Dr. Alfred Levy verurteilt Karl Klein am 16. Februar 1949 erneut zum Tod durch die Guillotine. Über Edmund Neufang, der in erster Instanz zu vierzehn Jahren Zuchthaus verurteilt wurde, verhängt Dr. Levy eine lebenslängliche Zuchthausstrafe.

In seinem letzten Wort betont Karl Klein nochmals, dass er mit der Tat nichts zu tun habe. Es gäbe noch zwei Personen, die das aussagen könnten. Auf Nachfrage des Richters, wen er denn damit meine, zeigt Klein auf die im Gerichtssaal anwesenden Josef Schiestel und Adolf Brass. Und auf Neufang deutend, sagt er: »Legen Sie den unters Fallbeil, dann werden Sie hören, wer den Kerner getötet hat.« Und dann fügt er noch erregt hinzu: »Machen Sie es kurz, Todesstrafe. Ich habe es endlich satt.«

Dazu nochmals die *Saarländische Volkszeitung* vom 18. Februar 1949:

> »... Als das Urteil am Mittwoch gegen 21:30 Uhr gesprochen wurde, herrschte eine unheimliche Ruhe und eisige Kälte im Saal, der während der ganzen Zeit der eingehenden Urteilsbegründung über dicht besetzt blieb. Klein nahm das Urteil, gegen das es nun keine Berufung mehr gibt und an dem nichts mehr zu ändern ist, mit bleichem Gesicht in der gleichen äußerlichen Ruhe und Haltung entgegen, die er stets beibehalten hat. Neufang war hochrot im Gesicht und etwas nervös. Aus der umfangreichen Begründung, die Präsident Dr. Levy gab, ging hervor, daß sich das Hohe Gericht nach dem Gang der Verhandlung davon überzeugt hat, daß Schiestel, Braß und der bereits tote Engel als

Mittäter an dem Meuchelmord an Kerner nicht in Frage kommen können. Zwei Mann waren am Tatort. Neufang ist durch seine Selbstbezichtigung Täter, Klein durch erdrükkende Indizien der ruchlosen Tat und des zweiten tödlichen Schusses überführt.

Nun liegen in unserem Land zwei rechtskräftige Todesurteile vor, über die die Saarregierung zu befinden hat. Das erste gegen Wilhelm Schulze, der auf der Wattweiler Höhe Herrn Hornung aus Homburg Beeden in bestialischer Weise erschlagen hat, gegen Karl Klein das zweite.«

Die letzte Chance

Seit den Schuldsprüchen vor der Ersten Saarbrücker Strafkammer sind viele Jahre vergangen und vieles hat sich in der Zwischenzeit verändert.

Das Saarland ist nach der Saarabstimmung von 1955 zu einem Bundesland der Bundesrepublik Deutschland geworden und Johannes Hoffmann, der sich für die saarländische Autonomie eingesetzt hat, tritt kurz nach der Abstimmung von seinem Amt als Ministerpräsident zurück. Sein Nachfolger wird der parteilose Heinrich Welsch, dem wiederum drei Monate später Hubert Ney von der CDU folgt. Ihm folgt ein Jahr später sein Parteifreund Egon Reinert, der knapp zwei Jahre das Land führt. 1959 übernimmt Franz-Josef Röder (ebenfalls CDU) das Amt des Ministerpräsidenten und wird es für die nächsten 20 Jahre behalten.

Mittelbexbach wird 1955 in Bexbach umbenannt, bekommt aber noch keine Stadtrechte. Die sollten erst 1970 folgen.

Katharina Kerner, die Witwe Johann Kerners lebt weiterhin in Bexbach. Ebenso ihr Sohn Albrecht. Die Tochter Gisela zieht nach Ludwigshafen.

Karl Kleins Frau stirbt 1961, seine Tochter bleibt in Bexbach.

Edmund Neufang, den man zu lebenslangem Zuchthaus verurteilt hat, wird 1959 begnadigt und auf freien Fuß gesetzt. Er kehrt dem Saarland den Rücken und zieht nach Bochum.

Josef Schiestel und Adolf Brass sind in Bexbach geblieben.

Karl Kleins Strafe, Tod durch die Guillotine, wird schon im Oktober 1949 in lebenslängliches Zuchthaus umgewandelt (Die Todesstrafe wird im Saarland 1957 abgeschafft).

Klein harrt in seiner Einzelzelle in der Justizvollzugsanstalt Saarbrücken an der Lerchesflur aus. Die ersten Jahre im Anfangsvollzug, was bedeutet 23 Stunden allein in der Einzelzelle, ohne Radio, ohne Fernsehen. Eine Stunde Hofgang ohne die Möglichkeit, sich mit anderen zu unterhalten. Alle sechs Wochen darf ein Brief geschrieben und ein Brief erhalten werden. Und die Jahre vergehen. Karl Klein erlebt die fünfziger und sechziger Jahre hinter Gittern.

Er schreibt Briefe an die Staatsanwaltschaft und bittet um eine Untersuchung der Patronen und Hülsen. Die Staatsanwaltschaft teilt ihm 1963 mit, dass die Asservate zum Mordfall Johann Kerner schon 1958 vernichtet wurden. Es erfolgte also in all den Jahren keine kriminaltechnische Untersuchung!

Ein weiterer Adressat seiner Briefe ist sein alter Freund Erich Honecker, der mittlerweile Sicherheitssekretär des Zentralkomitees der SED ist. Dieser antwortet auch und bietet dem Lebenslänglichen politisches Asyl in der DDR an.

Die sechziger Jahre neigen sich ihrem Ende zu. Das letzte Jahr des Jahrzehnts hat begonnen und ein Plan reift heran, der so unglaublich ist, dass er aus der Feder von Agatha Christie stammen könnte.

Karl Klein ist sehr diszipliniert und lebt ausgesprochen gesundheitsbewusst. Er ist 1,68 cm groß und sein Gewicht beträgt 50 Kilogramm. Ein Bodymaßindex, der ihm bei seinem Plan in die Hände spielt.

Klein ist zum Küchendienst eingeteilt und dabei fällt ihm auf, dass die Küchenabfälle in den Mülltonnen regelmäßig von dem Bauern Gottfried Glowick aus dem Hochwald abgeholt werden. Gutes Futter für dessen Schweine.

Es ist der 30. Januar 1969. Karl Klein, der auch an diesem Tag in der Küche der Strafanstalt arbeitet, geht auf den Hof und setzt sich unbemerkt in eine der dort stehenden Tonnen für die Küchenabfälle. Er setzt einen zuvor selbst gebastelten Deckel, den er mit Brotabfällen beklebt hat, auf den Kopf und harrt aus. Ein anderer Häftling, der ebenfalls in der Küche beschäftigt ist, kippt später noch weiteren Abfall darauf. Vielleicht bemerkt er, dass Karl Klein in der Tonne sitzt und schweigt.

Als der Hochwald-Bauer auf den Gefängnishof fährt, werden die Abfalltonnen auf seinen Transporter gehievt. Da Karl Klein nicht viel wiegt, fällt auch beim Hochhieven nicht auf, dass die Tonne etwas beherbergt, was nicht hineingehört. Kurz darauf fährt Karl Klein nach 21 Jahren Haft, in einer Tonne voller Küchenabfälle sitzend, durch das Gefängnistor hinaus in die Freiheit.

Als der Bauer an einer Ampel halten muss, steigt Klein aus seiner Tonne und klettert aus dem Transporter. Er winkt dem Transporter noch zu und ruft »Tschüss«, damit andere Verkehrsteilnehmer keinen Verdacht schöpfen. Der Bauer bemerkt erst bei seinem nächsten Halt, wo er weitere Tonnen mit Essensresten aufladen will, dass eine der Tonnen in seinem Laderaum leer und umgekippt ist.

Als die Flucht später auf der *Lerchesflur* bekannt wird und die Neuigkeit wie ein Lauffeuer von Zelle zu Zelle springt, singen die Häftlinge zusammen aus ihren Zellenfenstern »So ein Tag, so wunderschön wie heute«.

Nach seiner spektakulären Flucht ist Karl Kleins erstes Ziel sein Heimatort Bexbach, wo er bei seinem Bruder für ein paar Tage Unterschlupf findet.

Kleins Plan ist es zunächst, in die DDR zu verschwinden, wohin ihn sein Freund Erich Honecker eingeladen hat, aber seine Verwandten reden ihm die Flucht ins Land des *real existierenden Sozialismus* aus.

Sein Neffe rät ihm, mit Hilfe einer überregionalen Zeitung an die Öffentlichkeit zu gehen und ein Wiederaufnahmeverfahren einzufordern. Nur so habe er die Möglichkeit, seine Unschuld zu beweisen.

Zwei Tage nach seiner Flucht aus der Haftanstalt fährt Klein nach Frankfurt und marschiert geradewegs in die dortigen Redaktionsräume der *BILD*-Zeitung, die damals wie heute die größte Boulevardzeitung Deutschlands ist. Er erklärt den verdutzten Redakteuren, wer er ist und dass er eine Wiederaufnahme seines Verfahrens erreichen möchte. »Guten Tag, ich bin der Ausbrecher Karl Klein«, zitiert das Boulevard-Magazin Karl Klein tags darauf als Titel auf der ersten Seite.

Der Justizminister des Saarlandes, Alois Becker, mit dem Klein von der *BILD*-Redaktion aus telefoniert, sichert ihm zu, die Möglichkeit einer Wiederaufnahme persönlich zu prüfen. Auf Grund dieser Zusage und auf das Wort des Ministers vertrauend, kehrt Karl Klein freiwillig in die Haftanstalt Saarbrücken zurück.

Durch das große Medienecho wird der Münchner Rechtsanwalt Karl-Ernst Geyer auf den Fall aufmerksam und bietet sich Karl Klein als Rechtsbeistand an. Rechtsanwalt Geyer hat Erfolg und kann 1971 ein Wiederaufnahmeverfahren durchsetzen. Karl Klein wird bis zur Hauptverhandlung auf freien Fuß gesetzt. Er verlässt nach diesem Erfolg, auf den er so lange gewartet hat, das

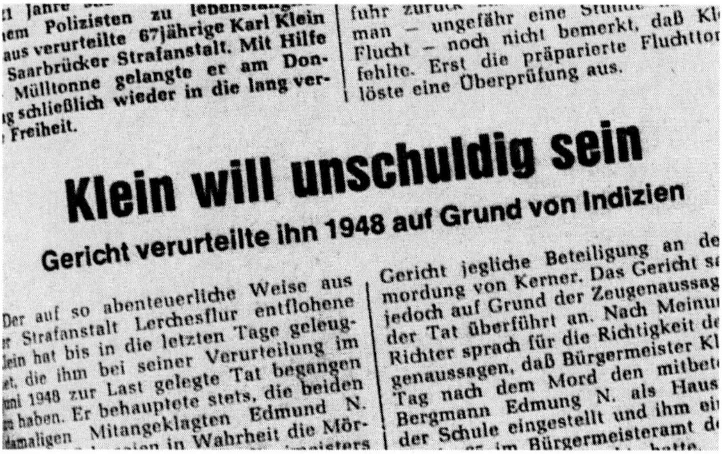

... Polizisten zu lebensläng...
... verurteilte 67jährige Karl Klein
... Saarbrücker Strafanstalt. Mit Hilfe
... Mülltonne gelangte er am Don-
... schließlich wieder in die lang ver-
... Freiheit.

... man – ungefähr eine Stunde ...
... Flucht – noch nicht bemerkt, daß Kl...
... fehlte. Erst die präparierte Fluchttor...
... löste eine Überprüfung aus.

Klein will unschuldig sein

Gericht verurteilte ihn 1948 auf Grund von Indizien

Der auf so abenteuerliche Weise aus ... Strafanstalt Lerchesflur entflohene ... hat bis in die letzten Tage geleug-... die ihm bei seiner Verurteilung im ... 1948 zur Last gelegte Tat begangen ... haben. Er behauptete stets, die beiden ... damaligen Mitangeklagten Edmund N. ... in Wahrheit die Mör-...

Gericht jegliche Beteiligung an de... mordung von Kerner. Das Gericht s... jedoch auf Grund der Zeugenaussag... der Tat überführt an. Nach Meinu... Richter sprach für die Richtigkeit d... genaussagen, daß Bürgermeister Kl... Tag nach dem Mord den mitbet... Bergmann Edmung N. als Haus... der Schule eingestellt und ihm ei... ... im Bürgermeisteramt d... hatte.

Saarbrücker Zeitung vom 31. Januar 1969

Gerichtsgebäude mit einem zufriedenen Lächeln und formt mit den Fingern das Victory-Zeichen.

Am 4. Dezember 1973 tritt das Schwurgericht unter Vorsitz des Richters Werner Scherer zusammen. Vertreter der Anklage sind die Staatsanwälte Lossau und Dr. Huhn, der schon im Lebach-Prozess die Anklage vertrat. Jedoch gibt es keine neuen Erkenntnisse, auch wenn ein Lokaltermin stattfindet, der zu einem richtigen Spektakel in Bexbach wird.

Was aber ist nach so langer Zeit und nach so vielen eklatanten Versäumnissen zu erwarten? Dass da nichts Neues zu Tage befördert wird, ist eigentlich verständlich. Immerhin sind 28 Jahre seit dem heimtückischen Mord an Johann Kerner vergangen. Und erschwerend kommt natürlich auch hinzu, dass die Staatsanwaltschaft, wie sie es Klein schon 1963 schriftlich mitgeteilt hat, die Asservate im Mordfall Johann Kerner 1958 hat vernichtet lassen.

Die Möglichkeit, dass Karl Klein schon 1945 von dem amerikanischen Militärgericht freigesprochen wurde, lässt das Gericht auch diesmal nicht gelten. Die Akten dazu werden nie gefunden, weder bei den Amerikanern, noch bei den Franzosen und auch nicht bei den saarländischen Behörden. Diese für Karl Klein und alle Beteiligten so wichtigen Papiere gingen in den wirren Nachkriegszeiten verloren oder sie wurden vernichtet. Es bleiben also berechtigte Zweifel, ob das harte Urteil gegen Klein nicht doch ein Fehlurteil ist. Und heißt es nicht, im Zweifel für den Angeklagten?

Der Fernsehjournalist Adalbert Hansen, der sich ebenfalls intensiv mit dem Fall befasst hat und Karl Klein bei den Dreharbeiten zu den SR-Dokumentationen *»Recht und Gnade im Strafvollzug«* (1970) und *»Menschen im Schatten – die Lebenslänglichen«* (1971) persönlich kennenlernen konnte, gibt in Inge Plettenbergs Dokumentation *»Die großen Kriminalfälle – Der Mörder in der Mülltonne«* an, dass er Karl Klein im Sinne der Urteilsbegründung des Oberlandesgerichts Saarbrücken im Jahr 1949 für nicht schuldig hält.

Die Richter beim Schwurgericht sehen das nicht so. Der Schuldspruch von damals wird auch 1974 bestätigt und Karl Klein wird erneut zu einer lebenslangen Haftstrafe verurteilt. *In dubio pro reo* sind bei diesem Fall im wahrsten Sinne des Wortes Fremdworte. Aber man lässt zumindest Gnade walten. Karl Klein kann auf Grund seines Alters in Freiheit bleiben.

Er kehrt zurück in seine Heimatstadt und lebt noch bis 1992 in Bexbach. 1993 stirbt er in einem Altersheim in Homburg. Ein Grab gibt es nicht. Er hat für das Leben nach dem Tod einen anderen Plan. Seinen Leichnam vermacht der alte Kommunist, der Zeit seines Lebens nichts mit der Kirche zu tun haben wollte und immer alles anders gemacht hat als die anderen, der Anatomie an der Universitätsklinik Homburg.

Der Soldatenmord von Lebach

Lebach und seine Kaserne

Die Geschichte Lebachs reicht weit zurück in die Vergangenheit. Schon die Römer schätzen das Land am Ufer des kleinen Flüsschens Theel und werden hier im dritten Jahrhundert vor Christus ansässig, wie steinerne Zeugnisse aus jener Zeit belegen.

Im Jahre 950 wird Lebach als Pfarrei erstmals urkundlich in den Mettlacher Predigtlisten erwähnt.

Im 14. Jahrhundert ereignet sich eine Besonderheit. Vier Herrschaften teilen sich die Regierungsgewalt über das Gebiet. Es kommt zur Gründung der sogenannten »Vierherrschaft von Lebach«. Der Erzbischof von Trier, der Herzog von Lothringen, die Freiherrn von Hagen zu Motten und die Abtei von Fraulautern bestimmen gemeinsam über die Gerichtsbarkeit und das Marktrecht.

Lebach entwickelt sich im Laufe der Jahrhunderte, dank seiner günstigen Lage, zu einem wichtigen Marktflecken. Im 15. Jahrhundert wird der »Mariä-Geburtsmarkt« erstmals durchgeführt und findet noch heute jeweils am zweiten Sonntag im September statt. Eingebettet ist der »Mariä-Geburtsmarkt« in die »Grüne Woche«, während der es ein reichhaltiges Veranstaltungsprogramm in Lebach gibt.

Doch auch außerhalb der »Grünen Woche« ist Lebach eine bedeutende Marktstadt, denn im restlichen Jahr findet hier jeden Donnerstag der größte Wochenmarkt Südwestdeutschlands statt.

Dank ihres Stadtteils Falscheid, der 1974 eingemeindet wurde, darf sich die Stadt Lebach rühmen, der geografische Mittelpunkt des Saarlandes zu sein. Exakt bemessen und in nüchternen Zahlen ausgedrückt, liest sich das so: Östliche Länge 6° 55′0″, und nördliche Breite 49° 23′60″.

Lebach erhält 1977 die Stadtrechte und innerhalb seiner Stadtgrenze leben knapp über neunzehntausend Einwohner.

Besonders stolz ist man jedoch in Lebach auf das Prädikat »bundeswehrfreundlichste Stadt Deutschlands«. In einer Sonderveröffentlichung des *Wochenspiegel* zu »50 Jahre Garnisonsstadt

Lebach« aus dem Jahr 2001 steht zu lesen, dass die Bewohner Lebachs schon seit langer Zeit eine Affinität zu allem Militärischen haben.

1870, im Deutsch-Französischen Krieg, während der Schlacht bei Spichern, dient Lebach der preußischen Armee als Quartier. Da sich der Flecken in diesem Krieg als hervorragender Standort beweist, hält man hier auch in den Jahren danach, unter dem Kommando des Generalfeldmarschalls Gottlieb von Haeseler, Herbst- und Kaisermanöver ab.

Auch Generalmajor Paul von Hindenburg weilt 1897 während eines Kaisermanövers in Lebach und feiert im damaligen *Hotel Schaeidt* seinen 50. Geburtstag.

1912 schreibt der Bürgermeister Lamberty einen Brief an den preußischen Kriegsminister Josias von Heeringen und äußert die Bitte, man möge doch aus dem Marktflecken Lebach einen Garnisonsort machen. Der Kriegsminister im fernen Berlin kommt jedoch der Bitte des rührigen Lebacher Bürgermeisters nicht nach.

Erst 1936, als es längst keinen Kaiser mehr gibt, wird in der Dillinger Straße eine Kaserne für einen Teil des Artillerie-Regiments 36 und das Grenz-Infanterie-Regiment 125 gebaut. Von 1952 bis 1956 sind auf diesem Gelände französische Panzertruppen stationiert und 1961 zieht das Fallschirmjägerbataillon 261 von Sigmaringen nach Lebach. Am 31. März 2015 wird, im Zuge der Bundeswehrreform, das Fallschirmjägerbataillon aufgelöst und eine Aufklärungskompanie bezieht die Kaserne.

Doch zurück in die sechziger Jahre. Eine hübsche Abwechslung für die Soldaten des Fallschirmjägerbataillons ist eine Fernsehsendung, die der *Saarländische Rundfunk* 1964 in der Kaserne unter der Regie von Truck Branss dreht und bei der Lale Andersen ihr Lied von Lilli Marleen singt.

Eine weitere Abwechslung bietet in jenen Jahren auch das Bataillonsmaskottchen, das ein Soldat von einem Manöver aus Griechenland mitbringt. Es ist ein Eselchen, das den Namen Aphrodite trägt. Aphrodite überspannt jedoch, was Ungehorsam angeht, den Bogen derart, dass sie schließlich die Kaserne verlassen muss und in einem Zoo untergebracht wird.

Am 9. Dezember 1966 erhält die Kaserne im Rahmen eines feierlichen Aktes den Namen *Graf-Haeseler-Kaserne* und etwas mehr als zwei Jahre später kennt jeder Bürger in der Bundesrepublik Deutschland diesen Namen und auch die Namen jener Soldaten, die in der Nacht zum 20. Januar 1969 auf brutalste Weise ermordet wurden.

Heute steht eine Gedenktafel auf dem Kasernengelände, auf der die Namen der Opfer stehen:

> Unteroffizier Erwin Poh, geboren am 28. Januar 1947
> Obergefreiter Arno Bahles, geboren am 23. Oktober 1941
> Gefreiter Dieter Horn, geboren am 8. Dezember 1947
> Gefreiter Ewald Marx, geboren am 14. September 1948

Gedenktafel auf dem Gelände der Lebacher Kaserne

Der 20. Januar 1969

Das Munitionsdepot des Fallschirmjägerbataillons 261 ist in den sechziger Jahren ungefähr vier Kilometer südlich von Lebach, bei Landsweiler untergebracht. Es liegt mitten im Wald. Nur ein schmaler, unbeleuchteter Feldweg führt dorthin. Ein einfacher Maschendrahtzaun ist um das Gelände gezogen und nur ein einziger Scheinwerfer neben dem Eingangstor spendet bei Nacht Licht.

Ein paar Schritte hinter dem verschlossenen Eingangstor liegt die Baracke, in der sich die fünf Soldaten aufhalten, die in der Nacht vom 19. auf den 20. Januar 1969 zur Wache eingeteilt sind.

Der Gefreite Reinhard Schulz sitzt in einem der Räume am Schreibtisch und liest. Neben diesem Raum liegt der Öltankraum, der durch eine Hintertür erreichbar ist. Diese Tür kann nicht abgeschlossen werden, da der Schlüssel seit Monaten fehlt.

Der Unteroffizier Erwin Poh, der zu dieser Stunde als Wachhabender eingeteilt ist, hat sich in einem weiteren Raum auf einer Luftmatratze schlafen gelegt. Dieser Raum ist von jenem, in dem sich Schulz aufhält, durch einen Flur getrennt. Im angrenzenden Schlafraum liegen der Obergefreite Arno Bahles, der Gefreite Dieter Horn und der Gefreite Ewald Marx in ihren Schlafsäcken auf Pritschen und schlafen.

Es ist kurz vor drei Uhr, als sich zwei Männer dem Munitionsdepot nähern. Sie haben Pistolen, ein Messer und zwei Kanister mit Benzin bei sich. Ihr Ziel ist, die Wachmannschaft zu töten und die zwölf Munitionsbunker, die sich auf dem Gelände befinden, in die Luft zu jagen. Sie haben sich vorgenommen, die Tat so brutal wie nur irgend möglich auszuführen. Um dies zu dokumentieren, trägt einer von ihnen auch eine Polaroid-Kamera mit sich, die jedoch beim Durchkriechen des Zaunes kaputtgeht.

In der Baracke bemerkt man nichts von den Eindringlingen, die sich dem kleinen Gebäude nähern.

Die Täter kennen sich aus. Sie kennen das nur ungenügend gesicherte Gelände genau. Sie wissen, wie stark die Wachmannschaft ist und dass zwei Türen in das Gebäude führen.

Einer der Täter betritt den Öltankraum durch die Hintertür und geht weiter in den Raum, in dem sich der Gefreite Schulz aufhält. Er schießt einmal auf den Gefreiten Schulz. Zu einem zweiten Schuss kommt es nicht mehr, da die Pistole Ladehemmung hat. Schulz bemerkt das und erkennt seine Chance. Obwohl er verletzt ist, greift er den Täter beherzt an. Dieser zieht sein Messer und sticht mehrmals auf den Gefreiten ein.

Zur selben Zeit schießt der zweite Täter, der die Baracke durch die Vordertür betritt, auf den schlafenden Unteroffizier Erwin Poh und geht weiter in den Nebenraum, wo er mehrmals auf den Obergefreiten Arno Bahles, den Gefreiten Dieter Horn und den Gefreiten Ewald Marx schießt, die in ihren Schlafsäcken auf den Pritschen liegen und schlafen. Die Männer haben keine Chance zur Gegenwehr. Poh, Bahles und Horn sind auf der Stelle tot. Marx ist schwer verletzt, wird aber vom Schützen für tot gehalten.

Der Täter, der gerade vier Soldaten erschossen hat, hört, dass sein Komplize mit dem fünften Soldaten Schwierigkeiten hat. Er geht durch den Flur in den Raum, wo der Gefreite Schulz mittlerweile am Boden liegt. Trotz Schussverletzung und Messerstichen lebt er immer noch. Kaltblütig gibt er auf den wehrlos am Boden liegenden Mann den, wie er meint, finalen Schuss ab. Nun sind die beiden davon überzeugt, dass alle fünf Männer tot sind und es keine Zeugen geben wird.

Den ersten Teil ihres Plans, das Töten der Soldaten auf besonders brutale Art, haben sie erfüllt. Die in den Körpern der toten Soldaten gefundenen Geschosse lassen aufgrund der unterschiedlichen Kaliber später darauf schließen, dass der Täter, dessen Pistole beim zweiten Schuss auf Schulz Ladehemmung hatte, ebenfalls noch Schüsse auf sie abgegeben hat.

Nach den brutalen Morden wollen sie zum zweiten Teil übergehen und das gesamte Munitionsdepot in die Luft jagen. Die Detonation würde weit über das Land zu hören und die Flammen ebenso weit zu sehen sein.

Sie nehmen die Schlüssel, die in einem Schlüsselkasten an der Wand hängen, und gehen hinaus zu einem der Munitionsbunker.

Aber die beiden haben sich geirrt, Reinhard Schulz ist trotz seiner zahlreichen Verletzungen noch am Leben und bei

Bewusstsein. Schulz ahnt jedoch, dass seine Kameraden nicht so viel Glück hatten und den Überfall nicht überlebt haben. Obwohl er sein linkes Bein und seinen linken Arm nicht mehr bewegen kann, kriecht er in den Flur und von dort in den Raum, wo der tote Unteroffizier Erwin Poh in der Ecke liegt. In diesem Raum befindet sich das einzige Telefon. Er will in der Kaserne anrufen und Hilfe holen, aber die Täter haben das Telefonkabel durchgeschnitten und damit die einzige Verbindung nach draußen gekappt.

In diesem Moment kommt ihm der Gedanke, dass die Täter vielleicht zurückkommen und ihn doch noch erschießen könnten. In der Baracke fühlt er sich darum nicht sicher. Er kriecht ins Freie und versteckt sich unter einem Unimog (Abkürzung für Universal-Motor-Gerät, ein allradgetriebener Kleinlastkraftwagen), der in der Nähe der Eingangstür steht. Hinter einem der großen Räder findet er Schutz und hofft, dass er hier nicht entdeckt wird.

Unterdessen merken die Täter, dass es nicht möglich ist, die unterirdischen Munitionsbunker in die Luft zu jagen, ohne sich selbst in Lebensgefahr zu bringen. Daher lassen sie diesen Teil des Plans fallen und nehmen nur eine Kiste Munition aus einem der Bunker mit.

Schulz beobachtet aus seinem Versteck, wie die beiden Verbrecher mit der Kiste Munition zurückkommen. Sie gehen noch einmal in die Baracke und es fällt ihnen auf, dass einer der Soldaten fehlt. Zum Glück suchen sie nicht nach ihm, sondern verschwinden im Schutz der Dunkelheit.

Erbeutet haben sie drei Gewehre, zwei Pistolen und eine Kiste Munition. Die Schlüssel für die Munitionsbunker sowie zwei Kontrollbücher nehmen sie ebenfalls mit. Diese Kontrollbücher werden in den nächsten Wochen eine wichtige Rolle spielen.

Schulz wartet ab, bis er sicher ist, dass sie endgültig verschwunden sind. Dann kriecht er zurück in die Baracke. Er versucht aufzustehen, aber es gelingt ihm nicht.

Durst plagt ihn. Er kriecht in den Toilettenraum. Da er nicht an das Waschbecken kommt, kriecht er zu einem der gefüllten Löscheimer, die im Flur stehen. Aber seine Verletzungen erlauben es auch hier nicht, sich zumindest so weit aufzurichten, dass er den Rand des Eimers erreicht. Es bleibt ihm nichts anderes übrig, als den Eimer umzustoßen und das Wasser vom Fußboden zu trinken.

Beim Trinken wird sein Anzug nass und Schulz beginnt bei den winterlichen Minustemperaturen zu frieren. Er kriecht durch den Wachraum und weiter in den Schlafraum. Dort sieht er Arno Bahles, den es durch die Schüsse von der Pritsche geschleudert hat, in der Ecke liegen. Dessen Augen sind vor Schreck und Todesangst weit aufgerissen. Diesen Anblick wird Schulz sein Leben lang nicht vergessen. Dieter Horn ist zwischen zwei Pritschen gerutscht.

Dann hört Schulz seinen Kameraden Ewald Marx röcheln. Jetzt weiß er, dass außer ihm noch ein weiterer Soldat überlebt hat. Er schafft es, sich auf eine der Pritschen zu legen und mit einer Wolldecke zuzudecken. Er hofft, dass sein Kamerad und er so lange durchhalten, bis um 9 Uhr die Wachablösung kommt. Völlig erschöpft verliert Schulz schließlich das Bewusstsein.

Das Verbrechen bleibt zunächst unentdeckt. Zu weit liegt das Munitionsdepot von der nächsten Ortschaft Landsweiler entfernt, als dass dort jemand die Schüsse gehört haben könnte. Und es erfolgen auch keine Kontrollanrufe aus der Kaserne in das Munitionsdepot. Ebenso wenig wird erwartet, dass sich der Wachhabende regelmäßig in der Kaserne meldet. Offensichtlich sind solche Vorsichtsmaßnahmen zu jener Zeit in der *Graf-Haeseler-Kaserne* in Lebach nicht üblich.

Es ist circa 7 Uhr morgens, als die 2. Kompanie zum Schießstand fährt, der in der Nähe des Munitionsdepots liegt. Ein Stabsunteroffizier und zwei Soldaten werden abkommandiert und fahren zum Depot, um Munition für die Schießübungen zu holen. Vor dem Tor halten sie an und hupen. Sie wundern sich, dass niemand von der Wachmannschaft zu sehen ist und hupen noch einmal.

Schulz wacht auf und denkt, dass die Wachablösung gekommen sei. Es gelingt ihm, anders als noch vor Stunden, aufzustehen. Er taumelt zur Tür und ruft seinen Kameraden zu, dass sie in der Nacht überfallen wurden und die Täter sich ausgekannt haben müssen. Bevor er ihnen das Tor öffnen kann, bricht er wieder zusammen.

Die Soldaten klettern über das Tor, rennen in die Baracke und entdecken den schwerverletzten Marx und die toten Poh, Bahles und Horn. Es wird sofort Alarm geschlagen. Als die Soldaten, die sich auf dem nahen Schießstand aufhalten, von dem

Wachhäuschen auf dem Gelände des Munitionsdepots heute

brutalen Verbrechen erfahren, laufen sie ebenfalls zum Depot. Einige springen in den Unimog, unter dem sich Stunden zuvor der Gefreite Schulz versteckt hat, und rasen mit ihm am Zaun entlang und durch das gesamte Gelände innerhalb und außerhalb des Zauns – in der Hoffnung, die Täter vielleicht noch zu erwischen. Wichtige Spuren werden so vernichtet.

Reinhard Schulz wird unterdessen ins Knappschafts-Krankenhaus nach Püttlingen gebracht und Ewald Marx in die Universitätsklinik nach Homburg. Dort erliegt er am 4. März 1969 seinen Verletzungen, nachdem er schon am 20. Januar fälschlicherweise für tot erklärt wird.

Erwin Poh, Arno Bahles und Dieter Horn werden später ebenfalls nach Homburg gebracht – zur Obduktion ins Gerichtsmedizinische Institut.

Fahndung

Die Nachricht über den Überfall auf das Munitionsdepot und die hinterhältige Ermordung der Soldaten lösen in ganz Deutschland große Bestürzung, Anteilnahme und auch Wut aus.

Die *Saarbrücker Zeitung* widmet in ihrer Ausgabe vom 21. Januar 1969 dem brutalen Verbrechen, neben einem Artikel auf der ersten Seite, eine ganze Sonderseite und fragt in der Überschrift: »Wie konnte das nur geschehen?«

In Lebach, wo man gute Nachbarschaft zum Fallschirmjägerbataillon pflegt, sind diese Gefühle besonders stark. In den Familien, auf den Straßen, in den Geschäften und Wirtschaften gibt es in diesen Tagen kein anderes Gesprächsthema als die feige Tat und jeder fühlt mit den betroffenen Familien, deren Söhne, Brüder, Männer, Väter so erbarmungslos aus dem Leben gerissen wurden.

Um den Unteroffizier Erwin Poh, der in Nalbach zu Hause war und am 28. Januar 22 Jahre alt geworden wäre, trauern seine Eltern, seine drei Schwestern und seine Frau, mit der er eine sechs Monate alte Tochter hat. Am 15. März desselben Jahres wäre seine Zeit bei der Bundeswehr vorüber gewesen.

Professor Dr. Wagner vom Gerichtsmedizinischen Institut in Homburg stellt bei der Obduktion fest:

Kopfschusszertrümmerung des Kleinhirns, Abriss des verlängerten Marks. Auf ihn wurde nur ein Schuss abgegeben. Kaliber 9 mm. Der Tod trat sofort ein.

Der Obergefreite Arno Bahles, wohnhaft in Lebach, lässt seine Eltern, eine Schwester, seine schwangere Frau und seinen vier Monate alten Sohn zurück. Sieben Monate nach seinem Tod wird seine Tochter geboren. Am 1. Juni 1969 wäre Arno Bahles' Dienstzeit zu Ende gewesen. Sein ursprünglicher Berufswunsch war Bäcker, aber er bekam eine Mehlallergie und machte eine Lehre zum Maurer. Danach verpflichtet er sich für vier Jahre bei der Bundeswehr.

Saarbrücker Zeitung

Gegründet im Jahre 1761

ANZEIGER FÜR DEN KREIS HOMBURG UND DIE WESTPFALZ

Schwedischer Weltumsegler will Sir Chichester übertrumpfen / siehe Seite 8

Mord an drei Wachsoldaten in Munitionsdepot

Brutaler Überfall bei Lebach

Von zwei Verletzten einer in Lebensgefahr

Bonn ordnete außergewöhnliche Maßnahmen an

In Pilsen: Zweite Selbstverbrennung

Die Mordtat in Lebach

Seite 16 – Saarbrücker Zeitung

SONDERSEITE

Wachsoldaten ermordet

„Wie konnte das nur geschehen ..."

Bestürzung bei Bundeswehr und Zivilbevölkerung – Vorschriften geändert

-ebach, 20. Januar (Eig. Bericht) – In Lebach wurden in -er Nacht zum Montag drei Soldaten des Fallschirmjäger--ataillons ermordet und zwei weitere schwer verletzt. Die Tat -eschah im Munitionslager – etwa vier Kilometer von der -aserne entfernt. Stabsunteroffizier Schmidt und zwei Solda--n, die am Montag gegen 7.30 Uhr in der Munitionsnieder--ge des Fallschirmjägerbataillons 261 Lebach Munition zum -hießen abholen wollten, entdeckten das entsetzliche Ver--chen. Beim Öffnen der Tür zur Wachhütte taumelte ihnen - 20 Jahre alte Gefreite Reinhard Schulz, wohnhaft Dort--d-Lenstrop, aus Stichwunden und Schußverletzungen -end entgegen und stammelte: „Es ging alles so schnell! (oder der, das war nicht genau zu verstehen) kannten sich - gut aus." Dann brach der junge Soldat ohnmächtig zu--nen und war bis Montag abend nicht vernehmungsfähig.

Das war die Wache

Unteroffizier Erwin Poh, geboren am 28. Januar 1947, wohnhaft in Nalbach, verheiratet und ein Kind. Obergefreiter Arno Bales, geboren am 23. Oktober 1941, wohnhaft in Lebach, verheiratet und ein Kind. Gefreiter Dieter Horn, geboren am 8. Dezember 1947, wohnhaft in Steinbach bei Gießen. Diese drei Soldaten verloren bei dem mit aller Brutalität ausgeführten Überfall ihr Leben.

Schwer verletzt wurden Gefreiter Reinhard Schulz, geboren am 27. Oktober 1948, wohnhaft in Dortmund-Lenstrop, sowie Gefreiter Ewald Marx, geboren am 14. September 1948, wohnhaft in Petersgmünd (Kreis Schwabach).

Trauerfeier

Für die drei Opfer des Überfalls wird am Donnerstag um 10.00 Uhr in der Kaserne in Lebach ...

Die fünf Munitionsbunker im Bereich des Munitionsdepots der Lebacher Garnison waren offensichtlich das Ziel der noch unbekannten Täter. Unter größten Sicherheitsmaßnahmen wurden gestern nachmittag anhand der Bestandslisten Kontrollen in den 5 Bunkern (Bild oben) durchgeführt, ohne daß jedoch der Öffentlichkeit eine konkrete Mitteilung über ... tuelle Beute gemacht ...

Saarbrücker Zeitung vom 21. Januar 1969

In Professor Dr. Wagners Bericht liest man:

Insgesamt vier Schüsse. Tod durch Herzschuss. Ein Unterschenkelschuss, und postmortal noch zwei Bauchschüsse. Brustschuss und Unterschenkelschuss Kaliber 9 mm, Bauchschüsse Kaliber 9 mm und 6.35 mm.

Der Gefreite Dieter Horn aus dem oberhessischen Steinbach wollte unbedingt Fallschirmspringer werden. Nach seiner Grundausbildung in Zweibrücken wurde er nach Lebach versetzt. Als er ermordet wurde, befand er sich noch in der Ausbildung. Nachdem seine Eltern, seine drei Brüder und seine Schwester die Todesnachricht erhalten, fährt sein Vater ins Saarland. Im Gerichtsmedizinischen Institut der Universität Homburg verwehrt man ihm, seinen Sohn noch ein letztes Mal zu sehen. Der Anblick sei so furchtbar, dass man ihn niemandem zumuten kann.

Im Autopsiebericht steht:

Tod durch Herzschuss. Des Weiteren ein Oberarmschuss, der schräg nach oben zum Oberarmkopf verlief sowie Bauchschuss, der postmortal abgegeben wurde. Herzschuss, Oberarmschuss 9 mm. Bauchschuss 6.35 mm.

Die Familie des Gefreiten Ewald Marx stammt aus dem Sudetenland und wohnt jetzt im mittelfränkischen Petersgmünd. Ewald war das jüngste Kind, er hatte noch zwei Brüder und zwei Schwestern. Er war sehr musikalisch und spielte in einer Band mit dem Namen »The Black Stones«. In der Kompanie war er mit seinen 1,65 m der Kleinste.

Seine Familie erlebt in jenen Tagen ein Wechselbad der Gefühle. Ewalds Vater wird am 20. Januar 1969 bei seiner Arbeitsstelle von einem Offizier aufgesucht, der ihm von dem Überfall berichtet und dass Ewald um 10 Uhr im Krankenhaus verstorben sei. Der Vater fährt nach Hause und überbringt seiner Familie die schreckliche Nachricht. Dann meldet sich der Offizier wieder und revidiert seine Aussage. Man habe ihn falsch unterrichtet, Ewald lebe noch. Die Familie fährt nach Homburg. Ewald wird an diesem Vormittag operiert, wobei ihm die gesamte Schädeldecke entfernt wird. Er kommt nicht mehr zu Bewusstsein und stirbt am 4. März 1969.

Der Obduktionsbericht sagt aus:

Die Opfer: Reinhard Schulz, Ewald Marx, Dieter Horn, Arno Bales, Erwin Poh

Der Schädel wurde von zwei Schüssen getroffen. Rechts befindet sich 2,5 cm oberhalb der rechten Augenbraue der Einschuss und im rechten Schläfen-Scheitelbein-Bereich der Ausschuss. Dadurch wurde in der rechten Gehirnhälfte ein 10 cm langer und 4 cm breiter Verletzungsgraben gerissen.

Links im Schläfenbereich hat das zweite Geschoss eine 4 cm lange Hirnverletzung verursacht. Beide Schüsse 9 mm.

Der einzige Überlebende ist der Gefreite Reinhard Schulz. Die Familie, die aus den Eltern und sechs Kindern besteht, floh 1957 aus der DDR nach Dortmund-Lenstrop. Da er der einzige Zeuge ist, wird er im Krankenhaus von Püttlingen streng bewacht. Ein paar Tage später transportiert man ihn nach Koblenz ins Bundeswehrlazarett, wo er vom MAD (Militärischer Abschirmdienst) so lange bewacht wird, bis die Täter gefasst sind.

Bei Reinhard Schulz stellt der Rechtsmediziner folgende Verletzungen fest:

Ein Steckschuss in der Brust, Kaliber 6.35 mm. Ein Armschuss, Kaliber 9 mm. Vier Stichwunden an Schultern und Nacken, drei Schnittwunden an der rechten Hand, die offensichtlich Abwehrverletzungen sind. An beiden Oberschenkeln fünf Stichwunden, die zugefügt wurden, als Schulz bereits am Boden lag.

Eine hohe Belohnung wird ausgesetzt. Insgesamt sind es 68 000 Mark. 50 000 Mark vom Verteidigungsministerium in Bonn, 10 000 Mark vom saarländischen Innenministerium und zusätzlich von zwei Privatleuten nochmals insgesamt 8 000 Mark.

Die laschen Wachvorschriften werden unmittelbar nach der Tat verschärft. Ab sofort gehören nicht mehr fünf, sondern sechzehn Soldaten einer Wachmannschaft an. Es darf auch kein Soldat mehr auf dem dunklen Gelände alleine unterwegs sein. Fortan gibt es Doppelstreifen. Zusätzlich zum Telefon wird das Munitionsdepot mit einem Funkgerät ausgestattet und der jeweils Wachhabende muss sich stündlich in der Kaserne melden.

Aufgrund der über das Bundesland Saarland hinausgehenden Bedeutung des Falles erteilt der Bundesinnenminister Ernst Benda unter Berufung auf Paragraf 4 des BKA-Gesetzes dem BKA (Bundeskriminalamt) den Auftrag, federführend zu ermitteln.

Das BKA und das LKA (Landeskriminalamt) Saar bilden zusammen die *Sonderkommision Lebach*, die mit 80 Beamten in den Räumen der Polizeischule Lebach (heute ist dort die Ausländerbehörde untergebracht) Quartier bezieht. Leiter der Sonderkommission wird Kriminaldirektor Karl Schütz vom BKA. Unterstützt wird das Team vom MAD.

Generalbundesanwalt Ludwig Martin setzt als verantwortlichen Vertreter der Bundesanwaltschaft den Oberstaatsanwalt Siegfried Buback ein.

Siegfried Buback folgt Ludwig Martin 1974 auf den Posten des Generalbundesanwalts und wird 1977 von Mitgliedern der linken Terrororganisation RAF ermordet.

Seit Mitte der sechziger Jahre finden an vielen deutschen Universitäten Proteste linksgerichteter Studenten statt und es formiert sich die so genannte Außerparlamentarische Opposition (APO), die dem Staat und seinen Institutionen, wie zum Beispiel der Bundeswehr, feindlich gegenübersteht. Daher erscheint es zunächst, vor allem für konservative Politiker, denkbar, dass eine radikalisierte Splittergruppe der APO für das Verbrechen in Frage kommen könnte. Genährt wird der Verdacht auch durch das Flugblatt eines sozialistischen Studentenbundes, das an der Universität in Saarbrücken kursiert und auf dem zu lesen ist, dass die Zeit des friedlichen Widerstandes vorüber sei. Der Verdacht, dass die Tat politisch motiviert ist, lässt sich aber nicht erhärten.

Anhand der sichergestellten Geschosse wissen die Ermittler, dass es zwei Täter waren und dass zwei Pistolen benutzt wurden. Eine *Schmeissers Patent 6.35* und eine *Walther P38*.

Die Tatsache, dass die Täter sich offensichtlich gut auf dem Gelände ausgekannt haben, lässt den ungeheuerlichen Verdacht aufkommen, sie könnten in den Reihen der Bundeswehr zu suchen sein. Die Ermittler fordern daher eine Liste mit allen Namen der jetzigen und ehemaligen Soldaten aus der *Graf-Haeseler-Kaserne* an. Wie sich später herausstellt, fehlt der Name eines Soldaten auf der Liste, der bis Oktober 1968 in Lebach stationiert war. Und ausgerechnet dieser fehlende Name gehört zu einem der Täter.

Nicht nur die offensichtlichen Ortskenntnisse der Täter sondern auch die benutzte Pistole *Walther P38* weist auf Täter innerhalb der Bundeswehr hin. Die *Walther P38* gehört beim Fallschirmspringerbataillon 261 zur Standardausrüstung. Alle Pistolen dieses Typs, es sind über siebenhundert, werden eingesammelt und von den Kriminaltechnikern des BKA beschossen. Aber es lässt sich keine Übereinstimmung mit den gefundenen Projektilen feststellen.

Nach den Angaben des Gefreiten Schulz wird ein Phantombild des Täters erstellt, der ihn angegriffen hat. Dieses Phantombild veröffentlicht auch die *Saarbrücker Zeitung* in ihrer Ausgabe vom 22. Januar 1969. Ferner kann man in dem Artikel lesen:

> »... Besonders charakteristisch sind nach der Schilderung des schwerverletzten Gefreiten Schulz bei dem ›blonden Täter‹ die weit in die Stirn reichenden Haare und die langen Koteletten. Der Mund des Täters ist nach unten geschwungen und die Kinnpartie ›brutal‹ ausgeprägt. Es wurde jedoch betont, dass Schulz ›gewisse Erinnerungslückeng habe ...«

Von dem zweiten Täter kann Reinhard Schulz keine genaue Beschreibung liefern. Er bezeichnet ihn nur als dunklen Typ.

Innerhalb der nächsten Wochen gehen bei der *Soko Lebach* Hunderte von Hinweisen aus der Bevölkerung ein, die überprüft werden, aber zu keiner brauchbaren Spur führen.

Auf dem Gelände des Munitionsdepots haben die Kriminaltechniker bei der Spurensuche keine leichte Aufgabe vor sich. Denn in den Stunden nach dem Bekanntwerden des Verbrechens werden wichtige Spuren vernichtet.

In Inge Plettenbergs ARD-Dokumentation *»Die großen Kriminalfälle – Die Schüsse von Lebach«* schildert der damals an den Ermittlungen beteiligte Kriminaloberkommissar Nikolaus Winkler vom LKA Saar den Zustand am Tatort, wie er ihn am Tag des Überfalls vorgefunden hat:

> »Ein Chaos. Viele Leute. Bundeswehr, örtliche Polizei, Gemeindevertreter. Jeder glaubte, er müsse sich informieren und hat natürlich im Weg rumgestanden. Bis wir dann abgesperrt haben, dass keiner mehr reindurfte …«

Trotzdem finden die Kriminaltechniker Schuhspuren, deren Sohlenmuster den Marken *Caravelle* und *Exquisit* zugeordnet werden können und von denen man annimmt, dass sie von den Tätern stammen. In der Nähe der Zaunbeschädigung, innerhalb der Umzäunung, finden sie das Glas eines Blitzlichtgerätes für eine Polaroid-Kamera. Dieser Fund gibt den Ermittlern Rätsel auf.

Zwei Tage nach dem Überfall gibt es die erste Verhaftung. Ein 22 Jahre alter Mann aus Heiligenwald gesteht während einer Vernehmung bei der Zweibrücker Polizei am 22. Mai 1967 in die Waffenkammer einer Bundeswehrkaserne in Zweibrücken eingebrochen zu sein. Damals ist er noch Soldat in der dortigen Pionier-Aufklärungskompanie und entwendet aus der Waffenkammer zwölf Pistolen der Marke *Walther P38*. Die Kripo in Zweibrücken informiert umgehend die Beamten der *Soko Lebach*.

Die Pistolen werden in einem Versteck hinter seinem Haus gefunden und von den Kriminaltechnikern beschossen. Die Spur führt ins Leere, denn keine dieser zwölf *Walther P38* wurde für den Überfall benutzt. Der Verdächtige, der ein Waffennarr ist, bleibt jedoch vorläufig in Untersuchungshaft und wird erst entlassen, als man die wahren Täter findet.

Während der 22 Jahre alte Waffennarr noch vernommen wird, findet am Donnerstag, dem 23. Januar 1969 auf dem Gelände der *Graf-Haeseler-Kaserne* die Trauerfeier für die drei ermordeten Soldaten statt (Ewald Marx stirbt erst am 4. März).

Der saarländische Ministerpräsident Dr. Franz-Josef Röder sowie das gesamte saarländische Kabinett erweisen den toten Soldaten die letzte Ehre. Ebenfalls anwesend sind der Landtagspräsident Hans Maurer, Verteidigungsminister Gerhard Schröder, der Wehrbeauftragte des Deutschen Bundestages Mathias Hoogen, der Generalinspekteur der Bundeswehr Ulrich de Maizière, Vertreter der Generalität der französischen, britischen und amerikanischen Armee. Und natürlich die Kameraden und Vorgesetzten der getöteten Soldaten, unter anderem der Kompaniechef der 2. Kompanie, Hauptmann Wassenberg, der Kommandant des Fallschirmjägerbataillons 261, Oberstleutnant Peter Holm, der Inspekteur des Heeres, Generalleutnant Albert Schnez und sein Stellvertreter Generalleutnant Karl Wilhelm Thilo.

Die *Saarbrücker Zeitung* berichtet am Tag darauf unter der Überschrift »Abschied von den toten Kameraden«:

> »... Vor der Halle war das Lebacher Bataillon mit einem Ehrenzug der saarländischen Landespolizei angetreten. Als Ehrenkompanie erwies die 2. Kompanie, der die Toten angehört hatten, mit militärischem Zeremoniell den toten Kameraden die letzte Ehre. Die nächsten Anverwandten wurden von Bundesverteidigungsminister Schröder und Ministerpräsident Dr. Röder zu ihren Plätzen geführt ...«

Der Heeresmusikzug 9 aus Stuttgart spielt das »Ave Verum« von Mozart, dann folgen Gebete und Ansprachen bei denen die Redner auch der beiden Schwerverletzten gedenken. Oberstleutnant Peter Holm sichert den Angehörigen jede erdenkliche Hilfe zu. Dann heißt es Abschied nehmen. Sehr anrührend weiter beschrieben in dem schon oben erwähnten Artikel in der *Saarbrücker Zeitung*:

> »Dumpfer Trommelwirbel: Kameraden trugen die Särge an der präsentierenden Ehrenkompanie, deren Fahnen sich senkten, zu den bereitstehenden schwarz ausgeschlagenen Geländewagen, die die ermordeten Soldaten in ihre Heimatgemeinden unter militärischem Ehrengeleit überführten. Der Abschiedsgruß war, während die Fahrzeuge langsam durch das Kasernengelände fuhren, das Lied vom guten Kameraden. Die Bevölkerung von Lebach bildete ein dichtes Spalier, als die Toten, die Bürger und Freunde ihrer Gemeinde gewesen waren, diesen letzten Weg antraten ...«

Für Trauer bleibt den Beamten der *Soko Lebach* keine Zeit. Die Ermittlungen laufen weiter und zwar schon bald in eine Richtung, mit der keiner gerechnet hat.

Publicity

Bei jedem Verbrechen stellen sich die Ermittler die Frage nach dem Motiv des Täters. Was sich als das Motiv der Mörder von Lebach herausstellen wird, kann zu diesem Zeitpunkt der Ermittlungen noch niemand ahnen. Nicht einmal, als am 31. Januar 1969 ein Brief bei der Redaktion der *BILD*-Zeitung in Hamburg eingeht, der mit dem Überfall in Lebach zusammenhängt.

Die Redakteure wundern sich über das Schriftbild. Sie können sich im ersten Moment noch keinen Reim darauf machen, was der Absender damit demonstrieren will.

Um dem Schreiben eine gewisse Internationalität zu geben, wird nämlich auf das Großschreiben von Substantiven und den Gebrauch von Umlauten verzichtet. Auch Kommata werden nicht verwendet. Davon abgesehen wird ein einwandfreies Deutsch benutzt.

Der Wortlaut des Briefes, der auch in dem Buch »*Kleinstadtmörder – Hintergründe zum Fall Lebach*« abgedruckt ist, sagt viel über das Selbstverständnis der Täter, ihre Überheblichkeit und ihren mangelnden Realitätssinn aus:

> »Sehr geehrte herren
>
> Nach misszuverstehenden angaben von seiten untersuchungsfuehrender institutionen und voellig unmotivierten spekulationen sehen wir uns um der objektivitaet willen gezwungen eine gegendarstellung der ereignisse um Lebach zu geben.
> Was liegt naeher als eine darstellung in ihrem Blatt die ihnen zu einer auflagenstaerkeren ausgabe und uns zur wahrheit verhilft.
>
> I. gruende
> Auf der suche nach einem geeigneten objekt zu unserer angemessenen einfuehrung in die BRD kam eigentlich nur ein depot der fallschirmjaeger infrage ihres rufes als

eliteeinheit wegen. Nun gibt es nur einige bataillone dieser waffengattung in ihrem land. Jenes depot in Lebach schien uns zweckmaessig.

II. täter

Bei genauer verwertung gegebener tatsachen haette man klar erkennen muessen dass weder politische noch kriminelle einzeltaeter die verantwortlichen sind. Beide haetten sich mit dem ueberreichlich vorhandenen material an explosionswaffen versorgt. Erstere wahrscheinlich den gesamten komplex gesprengt. Wer also sind wir. Antwort siehe unten.

III. richtigstellung

Man spricht von waffen und munitionsraub. Wohl haben unsere leute die erbeuteten waffen mitgenommen. Bezueglich der 500 schuss munition sehen wir jedoch nur drei moeglichkeiten.

a) ungenaue bestandsaufnahme durch zustaendigen offizier.

b) nach uns haben noch irgendwelche einzeltaeter die situation ausgenutzt allerdings unwahrscheinlich.

c) moeglicherweise koennte man auch an einen diebstahl von seiten armeeangehoeriger denken.

IV. folgerungen

Wie schon erwaehnt wurde ein depot der fallschirmjaeger aus gruenden geeigneter gegnerschaft ausgewaehlt. Umso erstaunlicher also diese ordinaere art von wachvergehen. Wir brauchten nur drei mann einzusetzen rest wartete auf lastwagen. Wir koennen nicht verstehen warum ihr kriegsminister anlaesslich der beisetzung der soldaten davon sprechen konnte diese starben in erfuellung ihrer pflicht. Uns befriedigt dieser ueberfall nicht. Wir werden einen massiven innerhalb der naechsten drei monate an geeigneten objekten nachholen. Somit wird also ihrem zustaendigen minister nichts anderes uebrig bleiben als doch noch jedes depot zur festung auszubauen denn sie haben es mit der mafia zu tun.

Fundamentiert werden unsere angaben durch beigefuegtes blatt.«

Zum Beweis, dass sie auch wirklich die brutalen Täter von Lebach sind, liegt dem Schreiben eine Seite aus dem gestohlenen Kontrollbuch bei.

Die Täter erwarten, dass ihr Brief in der nächsten Ausgabe der *BILD*-Zeitung veröffentlicht wird.

Dieses Schreiben, veröffentlicht in Deutschlands größter Boulevardzeitung, soll den Tätern für ihre geplanten Erpressungen zusätzlich zu dem Überfall in Lebach, Publicity verschaffen und die zukünftigen potenziellen Opfer ängstigen und gefügig machen.

Die Redaktion der *BILD*-Zeitung macht sich jedoch nicht zum Komplizen. Sie tut das einzig Richtige und informiert die *Soko Lebach*.

Kriminaldirektor Karl Schütz und Oberstaatsanwalt Siegfried Buback schicken ein Team unter Führung des Oberkommissars Frank Döring nach Hamburg.

Es gilt mögliche Fingerabdrücke zu sichern (die es leider nicht gibt) und den Postweg des Briefes zu ermitteln. Außerdem soll Oberkommissar Frank Döring mit dem stellvertretenden Chefredakteur Klaus Blume vereinbaren, dass über den Lebach-Überfall zwar weiter berichtet, der Brief aber nicht, wie von den Tätern gewollt, im Blatt abgedruckt oder auch nur erwähnt wird.

Damit wollen die Ermittler die Täter verunsichern und dazu bringen, einen weiteren Brief zu schreiben, damit man anhand des Poststempels den Weg des Briefes zurückverfolgen kann. Der Umschlag des bei *BILD* eingegangenen Briefes ist nämlich nicht mehr auffindbar.

Für die Redakteure der *BILD*-Zeitung ist es natürlich verlockend, so exklusiv Teil der größten Polizeiermittlungsaktion der Nachkriegszeit zu sein, und sie stimmen dem Vorschlag, den ihnen Oberkommissar Döring macht, zu.

Erwartungsgemäß werden die Täter unruhig. Sie verstehen nicht, dass die *BILD*-Zeitung ihren Brief ignoriert. Eine Woche später schicken sie nochmals einen Brief ab – dieses Mal an die Redaktion des *Spiegel*.

Am 6. Februar 1969 kommt dieser Brief bei dem Hamburger Wochenmagazin an, die *Soko Lebach* wird jedoch von der *Spiegel*-Redaktion erst am 10. Februar, also vier Tage später, informiert.

Dieser Brief ist ähnlichen Inhalts wie der erste und auch hier liegt als Beweis für die Authentizität eine Seite aus dem Kontrollbuch bei.

Es ist der Abend des 7. Februar 1969. Oberkommissar Frank Döring hält sich in den Redaktionsräumen der *BILD*-Zeitung auf. Er und Klaus Blume besprechen einen Artikel über den Lebach-Überfall, der am nächsten Tag erscheinen soll – ohne den Brief zu erwähnen. Ein Redaktionsassistent bringt die Ausgabe der *Hamburger Morgenpost* vom nächsten Tag und legt sie dem stellvertretenden Chefredakteur auf den Tisch. Die Schlagzeilen auf der ersten Seite springen diesem sofort ins Auge:

> »Lebach-Mörder drohen: Wir schlagen wieder zu!
> Mafia-Brief bei Bundesanwalt
> Wachbuchseite beweist: Es sind die Täter«

Bei der *BILD*-Zeitung fühlt man sich nicht mehr an die Vereinbarung gebunden, denn offensichtlich hat jemand aus dem Umfeld der *Soko Lebach* die Information unerlaubt an das Konkurrenzblatt weitergegeben. Oberkommissar Frank Döring kann Klaus Blume glaubhaft versichern, dass die *Soko Lebach* kein Interesse daran haben kann, ein Konkurrenzblatt zu informieren und damit den eigenen Plan scheitern zu lassen. Trotzdem kann die *BILD*-Zeitung jetzt den Brief der Lebach-Täter nicht mehr ignorieren und dem Konkurrenzblatt den Vorzug lassen.

Innerhalb weniger Stunden wird das Blatt umgestellt und die Schlagzeile der *BILD*-Zeitung vom 8. Februar 1969 lautet:

> »Soldatenmörder schicken Mordbeweis an *BILD*«

Bei der *Soko Lebach* ist man verständlicherweise sehr verärgert über diese Panne. Wo das Leck zu finden ist, kann nicht geklärt werden. Angeblich soll ein Journalist die *Hamburger Morgenpost* informiert haben. Woher dieser Journalist sein Wissen haben könnte, bleibt offen.

Jedoch bietet sich schon zwei Tage später eine weitere Chance, den Tätern auf die Spur zu kommen. Die *Spiegel*-Redaktion übergibt der *Soko Lebach* den Brief, den sie erhalten hat. Und zur Freude der Ermittler liegt auch der Umschlag bei. Anhand des Poststempels kann festgestellt werden, dass der Brief in Frankfurt in einen Briefkasten beim Postamt 1 eingeworfen wurde. Das deckt sich mit der Aussage einer Mitarbeiterin der *BILD*-Zeitung, die sich daran erinnern kann, im Poststempel eine 1 gelesen zu haben. Dieser Briefkasten wird daraufhin observiert, denn die Beamten der *Soko Lebach* hoffen, dass die Täter ihn noch für einen dritten Brief benutzen werden.

Die Operation wird in aller Eile vorbereitet. Die Ermittler gehen davon aus, dass der dritte Brief wieder an die Presse geschickt wird. Bevor die Operation gestartet werden kann, gilt es, ein paar gesetzliche Hürden zu überwinden. Laut Postgesetz darf man einen Brief nur mit Zustimmung des Absenders oder des Adressaten öffnen. Die Ermittler holen daher als erstes die Zustimmung der *BILD*-Zeitung, des *Spiegel* und des *Stern* ein, denn sie gehen davon aus, dass eine von den dreien angeschrieben werden könnte.

Mit Zustimmung des Präsidenten der Oberpostdirektion wird hinter dem Briefkasten eine von außen nicht zu sehende Öffnung in der Wand angebracht und die eingeworfenen Briefe können sofort nach den Adressaten überprüft und gegebenenfalls geöffnet werden.

Um nicht aufzufallen, werden Fernsehkameras installiert, die die Briefeinwerfer filmen. Beamte des Observierungsteams sitzen gegenüber der Hauptpost in einem Gebäude und beobachten via Monitor das Geschehen.

Der Plan sieht so aus:

Sollte ein Brief an die *BILD*-Zeitung, den *Spiegel* oder den *Stern* eingeworfen werden, muss er sofort geöffnet werden. Falls der Inhalt den Tätern zugeschrieben werden kann, werden augenblicklich die Beamten des Observierungsteams benachrichtigt, die dann ihr Versteck verlassen und sogleich zugreifen können.

Acht Tage dauert die Observierung, dann wird sie erfolglos abgebrochen.

Während das Observierungsteam vergeblich das Hauptpostamt in Frankfurt beobachtet, können die Kriminaltechniker zwar keine Fingerabdrücke auf dem zweiten Brief und dem Umschlag sicherstellen, aber sie finden heraus, dass beide Briefe auf einer Reiseschreibmaschine der Marke *Olympia*, Modell *Monika de Luxe* geschrieben wurden.

Ein dritter Brief wird geschrieben. Wieder auf einer *Olympia*, wenn auch nicht auf dem Modell *Monika de Luxe*. Im Gegensatz zu den anderen ist der Adressat dieses Mal nicht die Presse.

Dr. Sardo

Der dritte Brief geht an den Münchner Geschäftsmann Rudolf Münemann.

Rudolf Münemann, ein Selfmade-Millionär und Mitglied der Münchner Schickeria, verdient sein Geld als Großfinanzier. Sein Geschäftsmodell ist ebenso einfach wie erfolgreich. Er nimmt selbst kurzfristige Kredite mit einer Laufzeit von wenigen Monaten auf und verleiht das Geld langfristig an große Industrieunternehmen, mit einer Laufzeit bis zu 35 Jahren.

Mit diesem Brief an den Münchner Geschäftsmann gehen die Lebach-Täter zu ihrem eigentlichen Ziel über, nämlich der Erpressung vermögender Bürger.

Beim Schreiben des Briefes ändern sie ihren Modus Operandi. Sie schreiben die Substantive groß, verwenden Umlaute sowie Kommata. Allerdings, um einen Bezug zur italienischen Mafia herzustellen, fahren sie nach Italien und geben ihn in Noli, einer kleinen Stadt am Golf von Genua, auf.

Am 17. Februar 1969 trifft der Brief im Haus der Münemanns ein. Rudolf Münemann ist nicht zu Hause. Seine Frau, Lucia Münemann, öffnet ihn und liest das mehrere Seiten lange Traktat, dessen Absender sich als *Organisation für wirtschaftliche Zusammenarbeit und Entwicklung der Mafia* ausgibt.

Dieser Brief dokumentiert wieder die realitätsferne und überhebliche Denkweise der Täter. Deswegen soll auch er in seiner ganzen Ausführlichkeit vorgestellt werden:

> »Sehr geehrter Herr Münemann!
> Unsere Organisation ist im westlichen Kulturkreis unter der Bezeichnung Mafia bekannt. Aus strukturellen Gründen sah sich unser Mutterhaus 1966 gezwungen, seinen Einflußbereich außerhalb Siziliens zu intensivieren. Diese Expansion erfordert gewisse Aufwendungen, die nicht allein durch Reserven unserer Zentralorganisation gedeckt werden können. Einen Ausweg aus diesem Dilemma bietet sich in einer Unterstützung unserer Organisation durch wohlhabende

Finanzkreise an. Wir halten bei Ihnen eine einmalige Subvention von DM 800 000 (in Worten achthunderttausend Mark) für angemessen.

Natürlich wissen auch wir, mit welchen wirtschaftlichen Schwierigkeiten sich der deutsche Unternehmer konfrontiert sieht. Zudem ist oben erwähnte Unterstützung nicht abzugsfähig, muß vielmehr aus dem Privatvermögen erbracht werden.

Sie sind Unternehmer und als solcher investieren Sie nicht ohne Aussicht auf Gewinn. Wir bieten Ihnen:

1. wirksamen Schutz gegen asoziale Elemente;

2. auf Wunsch garantieren wir einen Fluchtweg von Deutschland nach Äthiopien:

a) bei einer Konfrontation der NATO mit den Ländern des Warschauer Paktes;

b) bei innerstaatlichen Unruhen.

Unsere engen Verbindungen mit Regierungskreisen Äthiopiens ermöglichen ein solches Angebot, das nach Wunsch auch die äthiopische Staatsbürgerschaft einschließen wird. So haben bisher fast alle unsere Geschäftsfreunde, vor allem jene aus lateinamerikanischen und zentralafrikanischen Staaten bei Bedarf diese Möglichkeiten genutzt. In jüngster Zeit interessieren sich auch nordamerikanische Kunden merklich für diese von uns verbürgten Gegenleistungen. Und sind in jüngster Zeit nicht selbst in Mitteleuropa Lagen vorstellbar, da man sich dieses Weges bedienen möchte? Damit soll in keiner Weise gesagt sein, daß amerikanische Verhältnisse ohne Einschränkung auf den Kontinent und England anzuwenden sind. Aber es sollten alle Möglichkeiten offengehalten werden. In Friedenszeiten geht es deshalb für Persönlichkeiten in exponierter Stellung darum, die Selbstbehauptungsaufgabe wirklich ernst zu nehmen und sich dafür die bestmöglichen Voraussetzungen zu schaffen. Beweglichkeit als Geisteshaltung wird sich dabei bewähren.

Wir machen darauf aufmerksam, daß neben Ihrer geschätzten Person noch 86 Persönlichkeiten des öffentlichen Lebens ein ähnliches Schreiben bekommen haben. Normalerweise

rechnen wir mit Ausfällen, so daß der Kreis unserer Partner tatsächlich um einiges geringer und somit exclusiver ausfallen dürfte. Jahrelange Erfahrung ergab folgende Statistik:
Sizilien: 0,02 %
Lateinamerika: 4-8 %
USA und Canada: 10-11 %
Angelsächs. Länder: 14 %
Für den deutschsprachigen Kulturkreis rechnen wir mit einem Ausfall bis zu 20 %. Diese hohe Quote ist durch besondere Verhältnisse bedingt.
Überlegen Sie sich unseren Vorschlag in Ruhe. Sie werden aus beigefügter Aufstellung ersehen, daß wir unseren Geschäftsfreunden völlige Anonymität zubilligen. Es liegt jedoch in der Natur der Sache, daß diese Diskretion bei Vertragsunwilligen nicht möglich ist. Daß wir ein ablehnendes Verhalten nicht hinnehmen, beweist die Anlage.
Theoretisch besteht für Sie folgende Alternative:
1. Einwilligung.
2. Gleichgültiges Verhalten oder Hinzuziehen der Executive Ihres Staates.
Wir raten nicht von Möglichkeit 2 ab, doch sollten Sie bei Ihrer Entscheidung unbedingt unsere Anlage berücksichtigen.
Zusammenfassend muß noch auf die Rolle unseres Nachrichtendienstes hingewiesen werden. Sein Wirken ist im Laufe des letzten Jahrhunderts an vielen Stellen der Welt fühlbar geworden. Ohne Übertreibung kann behauptet werden, daß die Führung unserer Organisation in jeder Lage über die nötigen Informationen verfügt, was ihr nicht nur ermöglicht, laufend die notwendigen Maßnahmen zu treffen, sondern geradezu die Voraussetzung bietet, eine Unsumme von größeren und kleineren Täuschungsaktionen vorzunehmen, die ihrerseits den Gegner verwirren und behindern.
Zum besseren Verständnis! Wir betrachten weder Sie noch die Executive Ihres Staates als Gegner. Auch wir sind interessiert an der Aufrechterhaltung bestehender Verhältnisse, was als logische Konsequenz das notwendige Vertrauen

der Bevölkerung in seinen Staat bedingt. Die Erfahrung zeigt, daß dieses so notwendige Vertrauen bei Berührung der staatlichen Sicherheitsorgane mit unserer Organisation erschüttert wird. Korruption und Unsicherheit sind die Folge. Das ist nicht unser Wille. Warum jedoch sind wir zu siegen gewohnt? Die Stärke unserer Gesellschaft und die durch die Grundrechte der Bürger abgegrenzte Staatsgewalt bedingen unseren Sieg. So kann man auch Ihnen nur höchst unzureichende Schutzmaßnahmen anbieten:
A. Zu Ihrem persönlichen Schutz: 1-5 Mann Bewachung, ausgerüstet mit Pistolen oder Maschinenpistolen (Anträge zur Einführung von Maschinengewehren und Handgranaten liegen vor).
B. Zur Abwendung Ihrer Bedrohung: Einsatz von Hubschraubern, Spürhunden, Walkie-Talkies, Abhören Ihrer Telefongespräche, chem. Behandlung des Geldes usw.
Wir wissen von diesen und anderen Maßnahmen, deshalb sind unsere Gegenaktionen so erfolgreich.
Als Zeichen Ihrer Einwilligung geben Sie in der Wochenendausgabe der *FAZ* eine Annonce mit folgendem Text auf:

> Luxusvilla, St. Moritz, für DM 800 000,— von privat an privat zu verkaufen, höchster Komfort, Garten, Heizsystem Buderus Nr. (hier setzen Sie die Telefonnummer ein, unter der Sie am Samstagabend zu erreichen sind).

Wir bitten den verlangten Betrag in unten angegebenen Scheinen bis Samstag bereitzuhalten:
8 000 Scheine à DM 100,—.
Vorliegendes Schreiben ist höflich, wenn auch unmißverständlich abgefaßt. Diese informative Sachlichkeit entspricht unserem Verständnis für den Menschen mit Niveau, der seinen geistigen und sozialen Voraussetzungen gemäß behandelt werden will. Dieses Handeln uns aber als Zögern oder gar Schwäche auslegen zu wollen, wäre eine völlige Verkennung Ihrer Lage. Sollten Sie die Möglichkeit 2 vorziehen, so sehen wir uns leider gezwungen, nach unserer

Tradition zu handeln. Bedauerlicherweise wird Ihr Name dann Schlagzeilen machen. Dies kann weder in unserem noch in Ihrem Interesse liegen.
Mit vorzüglicher Hochachtung!
Organisation für wirtschaftliche Zusammenarbeit und Entwicklung der Mafia«

Dem Schreiben haben die Täter noch allerlei beigefügt, von dem Sie annehmen, damit den Druck auf Herrn Münemann erhöhen zu können.

Eine Liste mit 54 Namen angeblicher »Vertragswilliger« und ein Name eines angeblichen »Vertragsunwilligen«, Harald Quandt, Mitglied einer der mächtigsten deutschen Familiendynastien. Er stirbt am 22. September 1967 beim Absturz seines Privatflugzeuges, mit dem er von Frankfurt nach Nizza fliegen wollte. Da die Ursache des Absturzes nicht geklärt werden konnte, wollen es die Lebach-Täter Münemann gegenüber so aussehen lassen, als wären sie für den Tod Harald Quandts verantwortlich.

Ferner sind dem Schreiben Artikel beigefügt, die sich mit den Briefen an die *BILD*-Zeitung und den *Spiegel* befassen sowie ein Foto, auf dem die in Lebach erbeuteten Waffen zu sehen sind.

Bei einer weiteren Anlage handelt es sich um ein Wahlplakat der FDP zur kommenden Bundestagswahl. Darauf steht: »Unsere Sicherheit darf nicht an alten Zöpfen hängen.« Als lachhaft bezeichnen die Autoren Jürgen Neven-du Mont und Karl Schütz (der Leiter der *Soko Lebach*), die auch diesen Brief in ihrem Buch »Kleinstadtmörder – Hintergründe zum Fall Lebach« abdrucken, den Versuch der Täter, sich und ihr Handeln mit einer parteipolitischen Aussage rechtfertigen zu wollen.

Nach Aufzählung der Anlage schließen die Täter mit einem Postskriptum:

»In letzter Zeit bemerken wir von Seiten unserer Vertragspartner im deutschsprachigen Raum eine gewisse Unwilligkeit bei der Erfüllung unserer Auflagen. Aus diesem Grund sah sich unsere Organisation gezwungen, ihre Schlagkraft, auch gegenüber öffentlichen Institutionen, unter Beweis zu stellen. Bei vertragsunwilligen Privatleuten pflegen wir jedoch diskretere Liquidierungsmöglichkeiten anzuwenden. Beiliegendes Bild zeigt in Lebach erbeutete Waffen.«

Frau Münemann verständigt umgehend die Kriminalpolizei in München. Da Rudolf Münemann schön öfter das Ziel von Erpressern war, nimmt man den Brief sehr ernst. Er wird den Kriminaltechnikern übergeben, die ihn nach Fingerabdrücken und anderen Spuren untersuchen. Die Landeskriminalämter sowie das Bundeskriminalamt werden per Telefax informiert.

Die Kripo München vereinbart mit Rudolf Münemann, dass er das Inserat in der *FAZ* aufgeben, die Summe aber auf die Hälfte reduzieren soll.

Nun ergibt sich eine Schwierigkeit, mit der keiner gerechnet hat: Immobilieninserate werden in der *FAZ* nur mittwochs abgedruckt. Die Kripo insistiert bei der Zeitung und erreicht, dass die Anzeige trotzdem in der Wochenendausgabe, am 22. Februar 1969 erscheinen kann. Gleichzeitig wird in München die Familie Münemann von mehreren Polizeibeamten bewacht und das gesamte Grundstück observiert.

Obwohl das BKA informiert ist, erfahren der Leiter der *Soko Lebach*, Karl Schütz und der Oberstaatsanwalt Siegfried Buback erst ein paar Tage später von dem Erpresserbrief, der daraufhin nochmals kriminaltechnisch untersucht wird. Die *Soko Lebach* schaltet sich in die Münchner Ermittlungen ein.

Während ein Teil der *Soko Lebach* jetzt in München ermittelt, sind einige Beamte auch in Italien unterwegs, denn der Erpresserbrief an Rudolf Münemann ist in Noli aufgegeben worden. Die *Soko Lebach* geht dieser Spur nach und versucht herauszufinden, wer der Absender des Briefes ist.

Ein Postbeamter in Noli erinnert sich, diesen Brief selbst abgestempelt zu haben. Er kann auch eine Beschreibung des Mannes, der ihn aufgegeben hat, liefern. Vor dem Postamt habe zur selben Zeit ein Alfa Romeo mit deutschem Nummernschild gestanden, sagt er weiter aus. An den Anfangsbuchstaben auf dem Nummernschild kann sich der Postbeamte auch noch erinnern. Er war ein »F« für Frankfurt.

Es gelingt, den Fahrzeughalter ausfindig zu machen. Es ist ein italienischer Staatsbürger, der in Frankfurt wohnt und dessen

Bruder in Noli lebt. Der Mann wird überprüft. Es stellt sich heraus, dass er verdächtigt wird, etwas mit einer Einbrecherbande aus dem Raum Frankfurt zu tun zu haben. Als er merkt, dass nach ihm gefahndet wird, taucht er unter. Damit hat sich für die *Soko Lebach* der Verdacht erhärtet, dass er etwas mit dem Verbrechen zu tun haben muss – entweder als Täter oder als Handlanger, der den Brief in Noli aufgegeben hat. Diese Annahme hält sich noch lange. Aber letztendlich läuft die Spur ins Leere. Der untergetauchte Mann, so wird man Wochen später feststellen, hat nichts mit dem Verbrechen in Lebach zu tun, noch hat er den Tätern in irgendeiner Weise geholfen.

Unterdessen hat Rudolf Münemann in der Zeitungsanzeige eine von der Polizei ausgegebene Geheimnummer angegeben, die zu einem Telefonapparat mit Fangschaltung führt. Die Fangschaltung funktioniert aber nur innerhalb des Ortsbereiches München. Um die Stimme des Anrufers aufnehmen zu können, ist zusätzlich noch ein Tonbandgerät angeschlossen.

Nachdem die Täter die Anzeige gelesen haben, fahren sie nach Stuttgart. Von einer Telefonzelle aus ruft einer von ihnen die vereinbarte Nummer an. Es ist Samstag, der 22. Februar 1969, 21:23 Uhr, als der Münchner Geschäftsmann das erste Telefonat mit dem Erpresser führt.

Das Telefonat ist sehr kurz und akustisch schwer verständlich. Hinzu kommt, dass der Anrufer (auch bei den künftigen Anrufen) mit französischem Akzent spricht. Rudolf Münemann versteht nur, dass die Täter sich offensichtlich mit 400 000 Mark zufriedengeben, und dass das Geld an der Autobahnstrecke Frankfurt – München abgelegt werden soll. Wo genau der Ablageort sein soll, kann er nicht verstehen.

Das Wochenende vergeht ohne weitere Aktivitäten seitens der Täter. Erst am Montag, dem 24. Februar 1969, wird wieder angerufen und Münemann gefragt, warum er nicht zum vereinbarten Treffpunkt gekommen sei.

Er antwortet, dass er den Ort am Telefon nicht verstanden hätte. Der Täter akzeptiert das und entgegnet, dass wieder angerufen werde. Bei diesem letzten Anruf wird die Privatnummer

Münemanns angerufen und nicht die extra freigeschaltete Geheimnummer, die in der *FAZ* annonciert wurde. Der Grund ist banal. Der Anrufer telefoniert wieder von einer Telefonzelle in München aus. Da er den Zettel mit der vereinbarten Telefonnummer vergessen hat, ruft er die Auskunft an und erhält die Privatnummer von Münemann, die er dann anwählt.

Die beiden Täter suchen auf der Autobahn zwischen München und Stuttgart eine neue Stelle für die Geldablage und am 25. Februar 1969 wird der Münchner Geschäftsmann erneut angerufen – jetzt wieder unter der Nummer mit der Fangschaltung. Es ist vormittags, kurz vor 11 Uhr. Und die einzige Information, die Rudolf Münemann bekommt, ist die Auskunft, dass die Täter am Nachmittag um 15 Uhr nochmals anrufen werden.

Kurz nach 15 Uhr klingelt das Telefon erneut. Wieder telefoniert einer der Täter von einer Münchner Telefonzelle aus. Aber nach dem Freizeichen ist die Leitung tot. Er versucht es dreimal – vergeblich. Beim vierten Mal steht die Verbindung. Und mit französischem Akzent bekommt Rudolf Münemann nun endlich die Anweisungen zur Geldablage. Auf der Autobahn München – Stuttgart, Kilometerstein 30, vier Meter in den Wald hinein. Der Geschäftsmann soll um 16:45 Uhr am angegebenen Ort sein. Da es zeitlich für ihn nicht zu schaffen ist, lehnt er ab und schlägt seinerseits 17:15 Uhr vor. Der Anrufer ist einverstanden.

Rudolf Münemann fährt einen auffälligen Cadillac. An diesem Tag jedoch übernimmt für ihn ein Kriminalbeamter, der ihm ähnlich sieht, den Wagen. Als zusätzliche Sicherheit verstecken sich zwei weitere Kriminalbeamte im hinteren Teil des Cadillacs. Weitere Beamte sind um das Gelände der angegebenen Geldabgabe verteilt. Der Kriminalbeamte, der den Münchner Geschäftsmann doubelt, fährt zu der Stelle, stellt den Koffer mit dem Geld ab, wartet eine Weile und fährt dann wieder davon.

Die beiden Täter sind ebenfalls auf der Autobahn unterwegs. Sie halten jedoch nicht an, um das Geld an sich zu nehmen. Denn einer von ihnen hat Angst. Es ist derjenige, der als der »Ausführende« bezeichnet werden kann. Er tippt nach Diktat des zweiten Täters die Briefe und erledigt die Telefonate. Bei jedem Telefonat hat er das Gefühl, als höre die Polizei mit. Der zweite Täter ist der »Kopf« des Duos. Er behält die Ruhe – oder tut zumindest so.

Am nächsten Tag, es ist Mittwoch, der 26. Februar 1969, gegen 10:15 Uhr ruft der »Ausführende« wieder bei Rudolf Münemann an. Dieses Mal aus einer Karlsruher Telefonzelle.

Der Geschäftsmann ist sichtlich erbost und macht dem Anrufer Vorwürfe, warum denn niemand gekommen sei. Der Anrufer rechtfertigt sich damit, dass Vertreter der Mafia sehr wohl da gewesen seien, aber Münemann nicht. Dann droht er mit irgendwelchen Konsequenzen, letztendlich bestimmt aber ab jetzt Rudolf Münemann, was zu tun ist. Er nennt einen neuen Zeitpunkt, nämlich heute, 16 Uhr bei Kilometerstein 30 und wenn niemand zum Treffpunkt erscheinen werde, möchte man ihm bis 14 Uhr Bescheid geben. Auch macht er unmissverständlich klar, dass es keinen weiteren Termin geben wird, da er geschäftlich verreisen müsste.

Der Anrufer, mächtig eingeschüchtert von der forschen Art des Selfmade-Millionärs, stimmt zu.

Zu angegebenen Zeit fährt Münemanns Double wieder zum vereinbarten Ort und deponiert den Koffer mit dem Geld vier Meter im Wald hinter dem Kilometerstein 30. Er wartet wieder vergebens und fährt dann wieder zurück nach München. Die auch dieses Mal in der Umgebung versteckten Kriminalbeamten warten noch etwas länger. Nichts passiert. Schließlich wird der Koffer wieder eingeladen und die Operation wird beendet.

Es wird zu keiner Geldübergabe mehr kommen. Die Angst der Täter, dass Rudolf Münemann die Polizei eingeschaltet haben könnte, ist zu groß.

Um den Münchner Geschäftsmann trotzdem in dem Glauben zu lassen, er habe es mit der *Organisation für wirtschaftliche Zusammenarbeit und Entwicklung der Mafia* zu tun und nicht mit einfachen Kriminellen, denen ihr Tun langsam aber sicher über den Kopf wächst, geben sie am 28. Februar 1969 in einem Karlsruher Postamt ein Telegramm auf. Der »Kopf« des Duos diktiert und der »Ausführende« schreibt folgenden Text:

> »Wegen Endverhandlungen im Rheinland
> Vorsprache Sonnabend nicht möglich.
> Rufen wieder an.
> Bei abwesenheit bitte nachricht hinterlassen.«

Dann geht er zum Schalter und gibt das Telegramm ab.

Die Postbeamtin, die das Telegrammformular annimmt, fordert ihn auf, zu unterschreiben. Ansonsten kann sie das Telegramm nicht annehmen.

Er ist so perplex, dass er nicht weiß, was er schreiben soll. Er geht zu seinem Komplizen und fragt ihn, welchen Namen er denn unter das Telegramm setzen soll. Der antwortet, er solle doch einfach den Namen Dr. Sardo benutzen.

So steht dann unter dem Telegramm an Rudolf Münemann der Absender: Dr. Sardo, Paris XII, Rue Faubert.

Ebenso wenig wie es einen Dr. Sardo gibt, gibt es in Paris die Rue Faubert.

Da die Täter beschlossen haben, Rudolf Münemann nicht weiter zu kontaktieren, überlegen sie, wen sie an seiner Stelle erpressen könnten.

Der »Kopf« hat eine Liste mit den Namen wohlhabender Leute angelegt, die in Frage kämen. Er entscheidet sich für einen Antiquitätenhändler aus Stuttgart. Der Plan sieht vor, dass sie den älteren Herrn in seinem Haus im Stuttgarter Stadtteil Frauenkopf überwältigen und zwingen werden, einen Scheck auszuschreiben. Einer von ihnen würde dann zur Bank gehen, während der andere den Mann bewacht. Wenn der Scheck eingelöst wäre, wollen sie den Gashahn aufdrehen, den Mann fesseln und auf diese Art und Weise töten. Da im Haus des Antiquitätenhändlers auch dessen Bruder und eine Haushälterin wohnen, soll mit ihnen, falls sie auch anwesend sind, genau so umgegangen werden. Da der »Kopf« zwei Jahre zuvor schon einmal bei dem Mann zu Hause war und sich als potenzieller Käufer von alten Bildern ausgab, kennt er den Weg zu dem außerhalb Stuttgarts gelegenen Stadtteil.

Nachdem sie bei ihrem vermeintlichen Opfer angekommen sind, steigt der »Ausführende« aus dem Wagen und geht den Gartenweg entlang zum Haus. In diesem Moment kommt der Antiquitätenhändler aus der Tür. Der »Ausführende« gibt an, Bilder kaufen zu wollen. Der Händler entgegnet, dass er nichts mehr habe. Er sei auf dem Weg zum Gericht, da er mit seinem Geschäft Konkurs anmelden muss. So scheidet der Antiquitätenhändler als Opfer aus und – wird am Leben bleiben.

Das nächste Opfer, das sich die Täter aussuchen, ist eine Wahrsagerin aus Remagen. Ihr Name ist Margarethe Goussanthier geborene Merstein, besser bekannt als Madame Buchela.

Madame Buchela

Margarethe Goussanthier wird angeblich unter einer Buche geboren und hat deswegen den Künstlernamen Buchela angenommen. Auch wenn es sich nicht so zugetragen haben sollte, ist es eine hübsche Anekdote. Sicher ist hingegen, dass sie am 12. Oktober 1899 in Honzrath (seit 1973 ein Ortsteil von Beckingen) zur Welt kommt.

Der Vater ist Musiker und Hausierer. Daher zieht die Familie Merstein, die aus einer lothringischen Sinti-Sippe stammt, im Wohnwagen über Land. Margarethe hat noch sechs Geschwister. Ihre hellseherischen Fähigkeiten scheint sie schon als Kind entwickelt zu haben. So sagt sie im Alter von acht Jahren den Tod ihres Bruders voraus, der dann auch tatsächlich wenig später beim Reinigen eines Revolvers stirbt. Daraufhin werden die Kinder den Eltern weggenommen und auf verschiedene saarländische Waisenhäuser verteilt. Margarethe kommt in das Waisenhaus nach St. Wendel, welches Ordensschwestern von der Kongregation der Borromäerinnen leiten. Nach der Zeit im Waisenhaus wird sie von den Schwestern als Dienstmädchen zu einer begüterten Familie nach Lebach vermittelt. In Lebach bleibt sie bis zu ihrer Hochzeit.

Zur Zeit des Nationalsozialismus verliert sie viele ihrer Familienangehörigen, die als Zigeuner in die Konzentrationslager gebracht werden. Sie hat Glück und überlebt.

Nach dem Zweiten Weltkrieg, mittlerweile ist sie verwitwet, verdient sie sich ihren Lebensunterhalt als Hausiererin und sagt auf Wunsch auch die Zukunft voraus, wobei sie oft verblüffend genau ins Schwarze trifft. Zum Beispiel sagt sie der CDU für die Bundestagswahl 1953 einen hohen Wahlsieg voraus.

Auch andere ihrer Prophezeiungen treffen ein und ihre stetig wachsende Klientel umfasst bald immer mehr Prominente: Die persische Ex-Kaiserin Soraya lässt sich ebenso wie der deutsche Bundeskanzler Konrad Adenauer von ihr die Zukunft voraussagen.

Sie macht als Wahrsagerin unter dem Namen Madame Buchela immer mehr von sich reden und wird selbst zur Berühmtheit.

Die *Pythia vom Rhein* oder die *Wahrsagerin von Bonn* wird sie auch genannt. Letzteres, weil die Zahl der Bonner Politiker, die bei ihr Rat suchen, sehr hoch sein soll.

Zwei dankbare Kundinnen vererben ihr 1961 das Haus in Remagen am Rhein, wo sie fortan leben und wo sie auch mehrmals von den Lebach-Tätern aufgesucht wird.

Der »Kopf« der Täter vermutet, dass Madame Buchela sehr vermögend ist und Gold im Haus aufbewahrt.

Der »Ausführende« soll bei Madame Buchela vorstellig werden und sie zu einer Autofahrt überreden. Dabei soll die nur 1,50 m große Frau überwältigt werden und eine Giftinjektion bekommen. Die Täter wollen ihr dann weismachen, dass das Gift erst nach Stunden tödlich sein wird, sie also noch genügend Zeit habe, ihr Vermögen herausrücken, um dann das Gegenmittel zu bekommen. Ein Gegenmittel würde es natürlich nicht geben, denn es ist nicht vorgesehen Madame Buchela am Leben zu lassen.

Gut informiert durch die Regenbogenpresse, wissen die beiden natürlich, dass die persische Ex-Kaiserin Soraya eine Kundin der Madame Buchela ist. Sie machen sich dieses Wissen zunutze.

Der »Ausführende« sucht die Wahrsagerin am 7. März 1969 in ihrem Haus in Remagen auf. Er benutzt dummerweise wieder denselben Namen, nämlich Dr. Sardo, mit dem er auch das Telegramm an Rudolf Münemann unterschrieben hat. Vor zwei Jahren war er schon einmal bei Madame Buchela, trug damals jedoch einen Bart, so dass sie sich nicht mehr an ihn erinnern kann.

Er stellt sich Madame Buchela als Dr. Sardo vor und behauptet, der Rechtsberater der Fürstin Esfandiary, der Mutter der Ex-Kaiserin Soraya, zu sein. Er bittet Madame Buchela, ihn zur Fürstin zu begleiten, da diese von ihr die Zukunft vorausgesagt haben möchte.

Madame Buchelas Schilderung, wie dieser erste Besuch des mysteriösen Dr. Sardo abgelaufen ist, findet man auch in dem Buch »Kleinstadtmörder – Hintergründe zum Fall Lebach« von Jürgen Neven-du Mont und Karl Schütz, der als Leiter der *Soko Lebach* über Informationen aus erster Hand verfügt, und sicher bei den Aussagen der Madame Buchela anwesend war. Sie berichtet:

»Also verstehen Sie, er kam da rein, stellte sich als Dr. Sardo vor und sagte, ich solle zu ihr, also zu der Soraya ihrer Mutter kommen.
Da habe ich zu ihm gesagt: Nein, das geht nicht. Wenn die was wissen will, dann kann sie zu mir kommen, wie alle anderen Leute auch.
Darauf sagte er: Das geht nicht, Frau Buchela. Sie ist eine Fürstin, und wenn die kommt, muß sie sich tarnen, weil's nicht anders geht.
Nein, sagte ich, wenn die was will, soll sie zu mir kommen.
Dann sagte er: Die Fürstin wird das schwer bedauern. Also ich möchte Sie am Montag abholen.
Gut. Dann ging er also. Einen Verdacht habe ich noch nicht geschöpft. Weil – er trug ja eine Brille, und er wollte nicht von mir die Wahrheit über sich wissen, wie die anderen Leut'.«

So verlief das erste Treffen zwischen Madame Buchela und Dr. Sardo. Da es nicht zum gewünschten Erfolg führt, wird der Besuch wenige Tage später wiederholt. Und Madame Buchela erzählt darüber auf ihre eigene Art:

»Er brachte mir diesmal Tulpen, ja rote Tulpen. Tatsächlich rote Tulpen brachte er mir.
Also ich bedanke mich, gell, freue mich auch, weil ich keine Ahnung hatte, gell, und er sagte zu mir: Nun, Frau Buchela, wie haben Sie's? Die Fürstin hat mich jetzt zu Ihnen hergeschickt. Ich soll Sie abholen.
Nee, sage ich wieder, wenn die was will, soll sie zu mir kommen.
Da sagt er: Frau Buchela, ich hab's Ihnen ja schon gesagt, es geht nicht so und so...
Dann sage ich: Wo ist denn die Fürstin?
Sagt er: Die Fürstin ist in Bonn.
Sage ich: Das kann ja nicht stimmen. Die hat doch in Köln – in Köln ist doch das – na dieses hohe Gebäude von dem Iran.
Und dann sagt er: Nein, sie ist aber jetzt in Bonn. Ich bringe

Sie hin, Frau Buchela, und bringe Sie auch wieder zurück. Es dauert nicht lange.
Aber ich sage wieder nein und nein.
Da ging er wieder fort, sagte aber, als er schon n' Stücke die Treppe runter war: Frau Buchela, dann werde ich mal mit dem Sekretär von der Fürstin sprechen, daß der mitkommt.«

Die Täter lassen nicht locker. Es kommt zu einem weiteren Besuch. Bevor sie nach Remagen fahren, montieren sie dieses Mal ein gestohlenes Nummernschild mit Karlsruher Kennzeichen an ihrem Wagen. Sie kaufen rote Rosen und ein rotes Tuch, das sie um die Blumen binden. Damit hoffen sie den Geschmack der Wahrsagerin zu treffen.

Sie finden Madame Buchela nicht alleine vor. Ihre Tochter ist bei ihr. Das dritte Treffen schildert die Wahrsagerin so:

»Unten schellte es. Ich sage: Wer ist da?
Antwort: Dr. Sardo mit dem Sekretär.
Also, sie kommen rein. Der Sekretär sagt keinen Namen und gibt mir 'nen großen Blumenstrauß, auch noch in 'nen großes rotes Tuch eingehüllt waren die, also das war wirklich zu viel – ich meine, zu viel sah das aus.
Und dann sitzt hier vor mir in dem Sessel der Sekretär und da rechts in dem anderen der Dr. Sardo.
Der Dr. Sardo war wieder ganz in Dunkelblau, und der Sekretär war mehr so in Beige.
Er war sehr – wie soll ich sagen – also so, als wenn er der Herr hier wäre, ja, ganz der Herr!
Er sagt zu mir: Frau Buchela, hören Sie mal, ich bin der Sekretär, gell. Die Fürstin hat mich zu Ihnen geschickt, Frau Buchela. Ich soll doch mit Ihnen sprechen. Tun Sie mir doch den Gefallen und kommen Sie mit.
Haha, sage ich mir, dieser Sekretär, der Beige, der denkt, der Dr. Sardo hat nichts fertiggebracht, und jetzt kommt er und dann geht alles hoppla-hopp.
Also der Beige bittete und betete nur fürs Mitgehen. Er war der Schlimmste von dene zwei. Mir war's jetzt gleich angst. Aber ich ging doch nicht mit.«

Madame Buchela lässt die beiden abblitzen, aber die Männer lassen ihr noch immer keine Ruhe. Am Morgen des 25. März 1969 ruft der angebliche Sekretär bei ihr an und avisiert den Besuch der Fürstin Esfandiary für 20 Uhr desselben Tages. Die Täter haben fest vor, Madame Buchela an diesem Abend zu überfallen.

Sie montieren wieder das falsche Autokennzeichen an ihren Wagen und fahren los. Da sie zu früh vor Ort sind, legen sie in einem Wald in der Nähe von Remagen einen Halt ein und gehen eine Weile spazieren. Während des Spaziergangs werden die beiden immer nervöser und sehen sich nicht in der Lage, an diesem Abend ihr Vorhaben auszuführen.

Dr. Sardo muss also den Termin absagen. Er möchte das gerne telefonisch erledigen, aber sein Partner besteht darauf, dass er Madame Buchela persönlich aufsucht.

Da sie für diesen Abend nun doch keine Straftat planen, tauschen sie das falsche Nummernschild wieder gegen das richtige aus und fahren anschließend zu Madame Buchelas Haus.

Dr. Sardo geht hinein. Dieses Mal ist sowohl die Tochter als auch noch Madame Buchelas Sekretärin anwesend.

Die Sekretärin konfrontiert ihn mit der Feststellung, dass die iranische Botschaft in Köln und nicht in Bonn ansässig sei. Dr. Sardo laviert sich aus der Situation, aber das Misstrauen kann er nicht ausmerzen. Ganz im Gegenteil.

Dr. Sardo entschuldigt die Fürstin Esfandiary. Sie könne an diesem Abend nicht kommen, da sie von Reportern aufgehalten würde. Er vereinbart aber einen neuen Termin und zwar für den 31. März 1969.

Madame Buchela ist die ganze Sache schon längst nicht mehr geheuer. Sie bittet einen ihrer Kunden, der im Wartezimmer sitzt, nach unten zu gehen und die Autonummer dieses merkwürdigen Burschen aufzuschreiben.

Ein paar Tage vergehen, bis Dr. Sardo sich telefonisch bei Madame Buchela meldet, um den Termin am 31. März ebenfalls abzusagen. Es sei der Fürstin wieder nicht möglich zu kommen. Sehr wahrscheinlich würde sie, so fügt er hinzu, am 2. oder 3. April den Termin wahrnehmen können.

Dass die beiden Täter eigentlich gar nicht mehr wissen, was sie wollen und wie sie es anstellen sollen, erkennt man immer deutlicher. Völlig sinnlos erscheint der letzte Besuch, Anfang April, bei Madame Buchela. Während Dr. Sardo die Wahrsagerin aufsucht, fährt sein Komplize eilig zu einer Telefonzelle in Remagen, um ihn anzurufen und ihm die Möglichkeit zu geben, das Haus mit einer plausibel klingenden Begründung wieder verlassen zu können.

Madame Buchela schildert diesen letzten Abend mit Dr. Sardo so:

> »Der Dr. Sardo kam wieder zu mir 'rein, setzte sich wieder hier auf den Sessel und sagte: Also Frau Buchela, in zehn Minuten ist die Fürstin da.
> Ich sage: Aha.
> Ja, sagt er wieder, in zehn Minuten ist sie da.
> Auf einmal kommt ein Anruf. Ein Herr sagt am Telefon: Frau Buchela, ist der Dr. Sardo da?
> Ich hab' die Stimme nicht erkannt. Hat sich vielleicht ein bisschen verstellt. Dann ging der Dr. Sardo ans Telefon und sagte zu mir: Frau Buchela, bedaure sehr, die Fürstin wird von den Reportern verfolgt. Sie kann nicht kommen.
> Ich war aber wieder sehr mißtrauisch und sagte zu dem Dr. Sardo: Warten Sie mal 'n Momentche. Ich bin gleich wieder da.
> Und dann ging ich wieder 'raus und sagte zu einem Bekannten von mir, er solle 'runtergehen und die Nummer aufschreiben. Und er kam zurück, und es war eine ganz andere Nummer, aber er sagte, es war genauso ein Auto, wie sie schon früher hatten und wie mir damals der Kunde aufgeschrieben hatte. Dann ging der Dr. Sardo, sagte aber, er würde gleich wiederkommen – mit der Fürstin, wie ich dachte. Und wir drei, meine Tochter, meine Sekretärin und ich, wir warteten und warteten. Es wird neun, es wird halb zehn, es wird noch später, und keiner kommt.«

Die Spur führt nach Landau

Noch wissen die Beamten der *Soko Lebach* nicht, dass Madame Buchela mehrmals von dem ominösen Dr. Sardo aufgesucht wird und sie sogar einmal beiden Lebach-Tätern gleichzeitig in ihrem Haus in Remagen gegenübersitzt.

Während sich Madame Buchela noch im Visier der Lebach-Täter befindet, geht bei der *Soko Lebach* am 6. März ein wichtiger Hinweis ein. Aus der Asservatenkammer des Amtsgerichts Landau ist eine *Schmeissers Patent 6.35* verschwunden.

Diese Waffe, die einem pfälzischen Winzer gehört, wird im März 1967 von der örtlichen Polizei beschlagnahmt und im Februar 1968 ans Amtsgericht in Landau weitergegeben. Ein Justizangestellter kann sich erinnern, die Pistole noch im April 1968 gesehen zu haben. Im Juli 1968 bemerkt man, dass sie fehlt. Es gibt eine interne Untersuchung. Noch geht niemand im Amtsgericht davon aus, dass sie gestohlen worden sein könnte. Vielmehr glaubt man, dass sie zu einer anderen Dienststelle geschickt und in der Asservatenkammer nicht ausgetragen wurde.

Auch dann, als ab dem 21. Januar 1969 sämtliche Zeitungen, das Radio und das Fernsehen von dem schrecklichen Überfall auf die Soldaten in Lebach berichten und nach einer Pistole dieses Typs gefahndet wird, sieht keiner im Landauer Amtsgericht die Notwendigkeit, die *Soko Lebach* zu informieren.

Erst am 4. März 1969, also fast acht Monate nachdem man beim Amtsgericht das Fehlen der *Schmeissers Patent 6.35* bemerkt hat, wird der Landgerichtspräsident darüber informiert und schaltet die *Soko Lebach* ein.

Der Winzer, dem die *Schmeissers Patent 6.35* gehörte, wird aufgesucht. Er ist ziemlich aufgebracht und berichtet, dass er schon kurz nachdem bekannt wurde, dass eine der Pistolen des Überfalls eine *Schmeissers Patent 6.35* sein soll, bei der Polizei in seiner Heimatgemeinde drauf hingewiesen hat, dass es vielleicht seine Pistole gewesen sein könnte. Seinem Hinweis wurde schlichtweg nicht nachgegangen.

Da er mit der Pistole auf seinem Grundstück Schießübungen gemacht hat, lassen sich Patronenhülsen und Geschosse finden. Diese werden kriminaltechnisch untersucht und es wird festgestellt, dass die aus der Asservatenkammer des Landauer Amtsgerichts verschwundene Pistole tatsächlich eine der Tatwaffen des Überfalls auf das Munitionsdepot in Lebach ist.

Die Pistole *Schmeissers Patent 6.35*, von der man jetzt weiß, woher sie stammt, die Briefe an die *BILD*-Zeitung und den *Spiegel*, der Erpresserbrief an Rudolf Münemann, die Spur nach Noli und das Telegramm mit der Unterschrift des Dr. Sardo – mit diesem Material entschließt sich die *Soko Lebach*, den Fall im Fernsehen zu präsentieren, um die größtmögliche Aufmerksamkeit zu erzielen.

Millionen jagen Lebach-Mörder

Mehrere hundert neue Hinweise nach Fernsehsendung

ge. Lebach, 13. April (Eig. Ber.)

Ein unerwartet starkes Echo hat die Behandlung des Feuerüberfalls auf das Munitionsdepot der Lebacher Fallschirmjäger in der Fernsehsendung „Aktenzeichen XY ... ungelöst" gefunden: bis Sonntag mittag waren allein bei der Sonderkommission in Lebach, die zur Zeit aus rund 50 Beamten besteht, fast 500 Hinweise eingegangen. Noch während die Sendung lief, klingelte am Freitagabend bereits das Telefon in Lebach unter der neuen Nummer 0 68 81 (Vorwahl) 39 75.

Zahlreiche weitere Hinweise sind in der Nacht zum Samstag und am Wochenende bei Polizeidienststellen im ganzen Bundesgebiet eingegangen. Besonders oft wurde auf den Italiener Giuseppe Catinella hingewiesen, doch schlossen sich einige Hinweise selbst aus, da sich der Italiener unmöglich gleichzeitig beispielsweise in Flensburg und in Augsburg aufhalten kann. Ein Hinweis, der zunächst sehr heiß schien, kam aus Niederbexbach. Die Fahndungen ergaben jedoch, daß man einen italienischen Gastarbeiter mit dem Gesuchten verwechselt hatte.

Überrasche. d viele Anrufe kamen auch aus der Schweiz, wobei einige Hinweise auf den Mann kamen, der sich Dr. Sardo nennt und das Telegramm an den Münchner Finanzmann in Karlsruhe aufgegeben hatte. Der Mann ist der Postangestellten darum so gut im Gedächtnis geblieben weil er unter das Telegramm keinen Na[...] gesetzt hatte und darüber eine klein[...] Diskussion entstand. Die Postangestellt[...] und andere Zeugen lieferten eine gu[...] Personenbeschreibung, die zu einer Pha[...]tomzeichnung führte (unser Bild).

„Dr. Sardo", so heißt es in den [...] schreibungen, ist ein sportlicher T[...] etwa 30 bis 35 Jahre alt und etwa [...] Figur wird schlank [...]

Saarbrücker Zeitung vom 14. April 1969

»Aktenzeichen XY ungelöst« ist eine ZDF-Sendung, in der die Zuschauer um Mithilfe bei der Aufklärung von Verbrechen gebeten werden. Von Eduard Zimmermann konzipiert und moderiert, wird sie erstmals am 20. Oktober 1967 ausgestrahlt. Sie ist eine der beliebtesten Sendungen im Deutschen Fernsehen.

Bei »Aktenzeichen XY ungelöst« gibt es so genannte Studiofälle, bei denen anhand von eingeblendeten Fahndungsfotos, Phantombildern oder Abbildungen von relevanten Gegenständen nach den Verbrechern gefahndet oder versucht wird, die Identität unbekannter Toter zu klären. Für die Zuschauer am interessantesten sind jedoch die so genannten Filmfälle. Hier werden die Verbrechen in kurzen Spielfilmen rekonstruiert.

Am Freitag, dem 19. April 1969, wird das Verbrechen von Lebach ausführlich bei »Aktenzeichen XY ungelöst« dargestellt. Vor dem Spielfilm, der das Geschehen nachstellen und die bisherigen Erkenntnisse der *Soko Lebach* vorstellen wird, findet Eduard Zimmermann diese einleitenden Worte:

> »Nun, meine Damen und Herren, zu dem besonderen Fall, den ich Ihnen zu Beginn der Sendung angekündigt habe. Es geht um eines der schwersten Verbrechen der letzten 20 Jahre, um den Überfall auf fünf Wachsoldaten des Bundeswehr-Munitionsdepots in Lebach, der vor zweieinhalb Monaten die Öffentlichkeit schockiert hat. Manches deutet heute darauf hin, dass der vierfache Mord von Lebach nur der Auftakt für ein noch größer angelegtes Verbrechen war. Den geplanten Profit aus dieser Tat wollen die Mörder erst noch kassieren. Sie wissen sicher, meine Damen und Herren, dass eine große Sonderkommission an der Aufklärung dieses Verbrechens arbeitet. Noch sind lange nicht alle Spuren ausgewertet. Immerhin aber sind die Beamten des Bundeskriminalamtes und der saarländischen Polizei mit ihren Ermittlungen jetzt an einem Punkt angekommen, an dem es sinnvoll erscheint, die Arbeit der Sonderkommission mit Hilfe einer Fernsehfahndung zu unterstützen. Vielleicht ist es heute Abend möglich mit Ihrer Hilfe, meine Damen und Herren, den Tätern von Lebach ein entscheidendes Stück näherzukommen.«

Und tatsächlich wird es an diesem Abend möglich werden, dass man den Tätern ein Stück näherkommt – und zwar Dank einer Wahrsagerin, jedoch ganz ohne Wahrsagerei.

Der Film wird gezeigt. Obwohl er nicht in allen Einzelheiten dem wirklichen Tatablauf entspricht, ist er doch ein erschütterndes Dokument. Danach wird ein Tonbandgerät abgespielt, auf dem die Stimme des Täters zu hören ist, der Rudolf Münemann telefonisch kontaktiert hat. Da der Anrufer mit französischem Akzent gesprochen hat, gehen die Ermittler davon aus, dass es sich um einen Franzosen handelt. Das und die Tatsache, dass der Erpresserbrief in der italienischen Stadt Noli aufgegeben wurde, lässt die *Soko Lebach* davon überzeugt sein, dass der Überfall auf die Soldaten und die Erpressung des Münchner Geschäftsmannes tatsächlich von einer international agierenden Bande ausgeführt wurde, die zur Durchsetzung ihrer Forderungen Angst und Schrecken verbreiten will. Ein zusätzliches Indiz, welches diese Theorie unterstützt, ist das Telegramm des Dr. Sardo aus Paris, das in der XY-Sendung gezeigt wird.

In dem Moment, als Eduard Zimmermann den Namen Dr. Sardo ausspricht, kommt Madame Buchela gerade aus dem Keller ihres Hauses in Remagen.

> »Ich wußte gar nicht, daß da so 'ne Sendung ist. Mein Neffe war hier, der hat geguckt, aber auch nicht so genau, wissen Sie, der geht auch ab und zu mal 'raus. Also ich war jetzt gerade unten im Keller und kam gerade die Treppe 'rauf, da höre ich den Namen Dr. Sardo und sage zu meinem Neffen: Sag mal, das ist doch Dr. Sardo?
> Sagt mein Neffe: Du bist verrückt.
> Sage ich: Ich bin nicht verrückt, das ist doch der Dr. Sardo!
> Sagt er: Die haben gesagt, wenn wir den kennen, sollen wir uns melden. Du musst die Polizei anrufen.
> Nee, sage ich, das will ich nicht machen, jemanden verraten, nee, das tue ich nicht.
> Aber dann hat er gesagt, ich muß.
> Und jetzt habe ich dann den Wissmann angerufen, das ist einer von der Polizei unten in Remagen, den ich gut kenne, 'n netter Mann. Aber der war nicht da an diesem Abend. Na ja, denk' ich mir, versuchst es halt nächsten Tag noch mal.«

Madame Buchela ruft am nächsten Tag den Polizisten nicht an. Vielleicht will sie nicht, vielleicht vergisst sie es. Doch zum Glück für die Ermittler kommt ihr Neffe am Sonntag wieder zu Besuch und fragt seine Tante, ob sie sich bei der Polizei gemeldet hat. Jetzt endlich greift Madame Buchela zum Telefonhörer und ruft den ihr bekannten und vertrauten Polizisten in Remagen an. Dieser gibt den Hinweis der Wahrsagerin sofort an die *Soko Lebach* weiter.

Mit diesem alles entscheidenden Hinweis geht es jetzt zügig voran. Es wird ermittelt, dass der Halter des Fahrzeuges zu dem die Autonummer gehört, ein 26 Jahre alter Mann aus Landau ist, der als Justizsekretär beim Amtsgericht arbeitet, wo die *Schmeissers Patent 6.35* entwendet wurde. Bemerkenswert ist, dass er am 19. Januar 1969, also einen Tag vor der Bluttat in Lebach, gekündigt hat und seitdem nicht mehr zum Dienst im Amtsgericht erschienen ist. Es wird im Laufe der weiteren Ermittlungen festgestellt, dass er die Waffe entwendet hat. Bald ist auch erwiesen, dass er Dr. Sardo ist.

Von ihm führt die Spur zu einem weiteren ebenfalls 26-jährigen Mann aus Landau, der der Kopf des Unternehmens ist und sich bei Madame Buchela als Sekretär der Fürstin Esfandiary ausgegeben hat. Und ein dritter 24-jähriger Mann gehört ebenfalls zu dieser kleinen eingeschworenen Homosexuellen-Gruppe. Er ist allerdings bei keiner Tat beteiligt, sondern lediglich Mitwisser und leistet Beihilfe.

Anhand eines handschriftlich ausgefüllten Belegs wird eindeutig festgestellt, dass die Handschrift auf dem Telegramm an Rudolf Münemann identisch ist mit der Handschrift des Justizsekretärs beziehungsweise des Dr. Sardo. Das charakteristischste Merkmal seiner Handschrift ist das Verwenden von Kleinbuchstaben als Großbuchstaben bei Substantiven, die mit einem A oder N beginnen.

Der Brief an Rudolf Münemann, so wird eindeutig festgestellt, wurde auf einer Schreibmaschine geschrieben, die im Amtsgericht in der Abteilung gefunden wird, in der der Täter gearbeitet hat.

Die drei Männer werden verhaftet. Zuerst gesteht der »Mitwisser« und führt die Ermittler zu einem Versteck in der Nähe von

Bad Bergzabern, wo die Waffen und die Munition des Überfalls vergraben wurden. Als Zweiter gesteht der »Ausführende«. Der »Kopf« versucht durch Schweigen Zeit zu gewinnen. Dann sieht auch er ein, dass er keine Chance mehr hat.

Die Ermittler erfahren bei den Verhören und Geständnissen immer mehr Details aus den vergangenen Monaten und können das Puzzle problemlos zusammensetzen. So wird zum Beispiel klar, wieso es von Anfang an so schien, als hätten die Täter Ortskenntnisse. Bis Oktober 1968 ist der »Kopf« der Gruppe in Lebach stationiert. In dieser Zeit besuchen ihn die beiden anderen oft. Bei gemeinsamen Spaziergängen, die sie auch in den Wald rund um das Munitionsdepot führen, entsteht der Plan für die brutale Tat. Bei einem Manöver in Baumholder entwendet der »Kopf« extra dafür die *Walther P38*. Die beiden Täter versuchen schon vor dem 20. Januar 1969 mehrmals das Munitionsdepot zu überfallen, brechen das Vorhaben aber jedes Mal ab.

Um der Enge der Kleinstadt Landau zu entfliehen und sich ein sorgloses Leben auf einer Luxusjacht zu ermöglichen, planen die drei schon in den Jahren zuvor alle möglichen Straftaten, bei deren Ausführung sie aber regelmäßig scheitern.

Es ist auffallend, dass der »Ausführende« für die Kontaktaufnahme mit den potenziellen Opfern zuständig ist, obwohl der andere die Pläne macht und auch die treibende Kraft ist. Er begründet das später nicht etwa damit, dass er selbst zu ängstlich ist, sondern erklärt, dass der andere älter und seriöser gewirkt habe.

Daher ist der versuchte Überfall 1965 auf die Kreissparkasse in Landau eine Ausnahme, den der »Kopf« kurioser Weise in Frauenkleidern begeht. Warum er dieses Mal selbst handelt, hat einen einfachen Grund: Er hat eine Lehre als Bankkaufmann bei dieser Kreissparkasse gemacht und kennt daher, im Gegensatz zu den anderen beiden, genauestens die Örtlichkeiten. Damit seine ehemaligen Kollegen ihn nicht erkennen, verkleidet er sich als Frau. Dafür lässt er sich von einem seiner Komplizen schminken, stiehlt in Pirmasens in einem Friseursalon eine Perücke und zieht sich einen Damenkittel über. Er betritt kurz vor Feierabend die Sparkasse durch den Haupteingang und geht die Treppe hinunter zum Tresorraum. Dort versteckt er sich und wartet, bis der Kassierer und eine weitere Angestellte mit dem Geld herunterkommen. Dann schlägt er mit einem Stock auf den Kassierer ein. Der schreit um Hilfe und der Bankräuber in Frauenkleidern rennt panisch davon.

Einige Monate später lesen sie in einem Buch über Paris, das der Journalist Georg Stephan Troller geschrieben hat, Biographien von berühmten Parisern. Nach dieser Lektüre fahren sie im Januar 1967 in die französische Hauptstadt und versuchen unter anderem den Regisseur Jean Renoir zu erpressen oder zu überfallen. Da sie ihre Opfer jedoch nicht antreffen beziehungsweise deren Adressen nicht ausfindig machen können, fahren sie wieder unverrichteter Dinge nach Hause. Unterwegs machen sie noch einen Zwischenstopp in Frankfurt. Sie geben bei der *FAZ* eine Annonce auf, in der sie eine Luxusvilla in St. Moritz anbieten. Sie hoffen, auf diese Art und Weise an Adressen begüterter Personen zu kommen, die sie erpressen oder überfallen könnten.

Ebenfalls in diesem Jahr suchen sie auch zum ersten Mal den Stuttgarter Antiquitätenhändler und Madame Buchela auf. Ebenfalls in der Absicht, sie zu überfallen oder zu erpressen. Jedoch erscheint ihnen beide Male das Risiko zu groß.

Wie es möglich war, dass solche Versager letztendlich ein so brutales Verbrechen wie in Lebach begehen konnten, ist schwer nachzuvollziehen.

Erklärungsversuche gibt es zwar, aber die greifen zu kurz. So heißt es in einigen Kommentaren zu diesem Fall, dass die Homosexualität sie zu Außenseitern gemacht habe und sie sich ihre eigene Welt mit eigenen Gesetzen geschaffen haben. Das mag stimmen, es ist immerhin das Jahr 1969 und Homosexualität steht noch unter Strafe. Aber dieser Umstand erklärt noch nicht die Brutalität und Menschenverachtung, die in dem Überfall in Lebach sichtbar wurden.

Der Prozess

In der Wochenendausgabe vom 7. Juni 1969 schreibt die *Saarbrücker Zeitung*:

> »Noch in diesem Jahr vor dem Schwurgericht
> Die Mörder von Lebach werden mit großer Sicherheit noch in diesem Jahr vor dem Schwurgericht in Saarbrücken stehen. Diese Mitteilung machte der Leitende Oberstaatsanwalt Dr. Karl Schneider, dem am Mittwoch die Akten des Falles Lebach übergeben wurden. Die Bundesanwaltschaft hat die Strafverfolgung dem Saarbrücker Landgericht übertragen, nachdem inzwischen als erwiesen angesehen wird, daß dem Überfall keine politischen Motive zugrunde liegen. Ursprünglich waren als Motiv Sabotage oder die Zersetzung der Wehrmoral nicht ausgeschlossen worden. Das hatte auch die Generalbundesanwaltschaft veranlaßt, in das Verfahren einzugreifen.«

Es dauert noch ein ganzes Jahr bis zum Prozessbeginn. Am 29. Juni 1970 beginnt er schließlich in Saarbrücken. Wegen des großen öffentlichen Interesses findet er nicht in einem Gerichtssaal, sondern in der Kongresshalle statt.

Den Vorsitz hat Landgerichtsdirektor Herbert Tholl. Die Staatsanwaltschaft vertreten die Ersten Staatsanwälte Gerhard Schmitt und Dr. Hans-Joachim Huhn.

Als Gerichtsgutachter fungiert Professor Dr. Witter vom Institut für gerichtliche Psychologie und Psychiatrie aus Homburg.

Die Verteidiger sind Wolfgang Braun, Dr. Kerscher und Dr. Lechner.

Die als Nebenkläger auftretenden Familien Bales, Horn und Marx werden durch Dr. Rapräger vertreten.

Die Angeklagten werden nacheinander unter dem Blitzlichtgewitter der Fotografen hereingeführt. Während der »Ausführende« und der »Mitwisser« mit gesenktem Kopf auf der Anklagebank sitzen, scheint der »Kopf« die mediale Aufmerksamkeit zu genießen.

Als einer der Zeugen tritt der einzige Überlebende des Überfalls, der ehemalige Gefreite Reinhard Schulz auf. Er identifiziert eindeutig die beiden Männer als diejenigen, die das Munitionsdepot überfallen haben. Den dritten Angeklagten, den »Mitwisser« hat er nicht gesehen. Womit dieser zusätzlich zu dem Alibi, das ihm seine Eltern für die Tatnacht gegeben haben, entlastet ist.

Sehr schnell entwickelt sich der Prozess zu einem wahren Volksfest. Auf den Zuschauerplätzen wird gegessen, geraucht, geredet und gelacht.

Besonders amüsiert ist das Publikum bei den Aussagen, die die sexuelle Neigung der Angeklagten betreffen. So bei der Schilderung, wie der »Mitwisser« im Keller seines Elternhauses vom »Kopf« Schläge auf das nackte Gesäß bekommen hat.

Während der Verhandlungspausen sind die Angeklagten in Drahtkäfige eingesperrt, die in den Künstlergarderoben der Kongresshalle stehen.

Am 28. Juli 1970 ist die Beweisaufnahme abgeschlossen und die Zeugenaussagen gemacht. Jetzt halten die Verteidiger und die Staatsanwälte ihre Plädoyers.

Der Erste Staatsanwalt Gerhard Schmitt hält das erste Plädoyer und geht dabei auch auf die Denkweise des Kopfes und Planers der Verbrechen ein, in dem er dessen Gedanken vorstellt:

> »... Die Gesellschaft dient nur der Aufrechterhaltung der bestehenden Machtverhältnisse und nicht der Allgemeinheit. Es ist erlaubt, gegen diese Gesellschaft zu kämpfen, zumal, wenn man sich dabei der eigenen Mittel dieser Gesellschaft bedient, um das gesteckte Ziel zu erreichen: eine Lebensgemeinschaft zu dritt auf einer Hazienda in Südamerika oder auf einer kreuzenden Jacht ...«

Der Erste Staatsanwalt Dr. Huhn betont in seinem Plädoyer:

> »... diese Tat zeugt von einer Hochkriminalität, wie sie nicht mehr zu überbieten ist. Durch Lebach sollte jeder erkennen, daß die Täter gewillt sind, über Leichen zu gehen, um zu ihrem Ziel zu gelangen. Wenn diese Art der Kriminalität Schule macht, dann ist es um unsere Sicherheit schlecht bestellt ...«

Er beantragt für die beiden Haupttäter eine lebenslange Freiheitsstrafe und für den »Mitwisser« wegen Beihilfe einen zehnjährigen Freiheitsentzug.

Am 7. Juli 1970 ergeht das Urteil vor dem Saarbrücker Schwurgericht.

> »Im Namen des Volkes:
> Die Angeklagten, der 27 Jahre alte, ehemalige Justizsekretär ..., und der 27 Jahre alte ehemalige Bankkaufmann ..., beide aus Landau, werden wegen gemeinschaftlichen Mordes in vier Fällen, jeweils begangen in Tateinheit mit besonders schwerem Raub, wegen gemeinschaftlichen versuchten Mordes, in einem Fall in Tateinheit mit schwerem Raub, und wegen gemeinschaftlicher versuchter Erpressung zu lebenslangen Freiheitsstrafen verurteilt.
> Der Angeklagte, der 25 Jahre alte ehemalige Zahntechniker ..., wird wegen Beihilfe zu vierfachem Mord, in Tateinheit mit besonders schwerem Raub, wegen Beihilfe zu versuchtem Mord, in einem Fall in Tateinheit mit schwerem Raub, und wegen Beihilfe zu einer versuchten Erpressung zu einer Gesamtfreiheitsstrafe von sechs Jahren verurteilt.
> Die Kosten des Verfahrens fallen den Angeklagten zur Last.«

Zwei der Verteidiger legen für ihre Mandanten vor dem Bundesgerichtshof in Karlsruhe Revision ein, die aber abgelehnt wird. Der »Ausführende« bittet seinen Verteidiger ausdrücklich, auf einen Revisionsantrag zu verzichten.

Im Februar 1972 dreht das ZDF eine Dokumentation über den Fall Lebach, in der die Beteiligten mit Namen und Abbildungen vorgestellt werden und dann die Tat von Schauspielern rekonstruierend nachgespielt wird. Die Dokumentation soll im Juni desselben Jahres ausgestrahlt werden. Auf Antrag des »Mitwissers«, der zu sechs Jahren Haft verurteilt wurde, soll die Ausstrahlung mit Hilfe einer Einstweiligen Verfügung verhindert werden. Das Landgericht Mainz und das Oberlandesgericht Koblenz lehnen das ab. Daraufhin legt er Beschwerde beim Bundesverfassungsgericht ein und bekommt recht. Der Schutz der Persönlichkeit und die Möglichkeit zur Resozialisierung haben Vorrang vor dem Recht der Öffentlichkeit auf Information, daher sind auch in diesem Beitrag die Namen der Täter nicht genannt.

Gernot Egolf

1976 – Das Jahr der Entführungen

Das Strafgesetzbuch unterscheidet unter dem Oberbegriff Freiheitsberaubung zwischen Entführung beziehungsweise erpresserischem Menschenraub und Geiselnahme.

In der kriminologischen Fachsprache spricht man von Entführung beziehungsweise erpresserischem Menschenraub, wenn der Aufenthalt des Opfers und die Identität des Täters unbekannt sind. Im Gegensatz dazu sind bei einer Geiselnahme der Aufenthalt des Opfers sowie die Identität des Täters meistens bekannt und oft von Täterseite gewollt. So lassen sich zum Beispiel politische Forderungen durchsetzen. Des Weiteren wird bei einer Entführung das Opfer gezielt ausgesucht. Wo hingegen es bei einer Geiselnahme eher dem Zufall überlassen wird, wer in die Hände der Täter gerät. Dass es für jede Regel natürlich auch Ausnahmen gibt, versteht sich von selbst und dass es beim Modus Operandi der beiden Delikte mitunter zu Überschneidungen kommt, ist ebenso möglich.

Häufig wird auch der Begriff Kidnapping verwendet, dessen erster Wortteil darauf hindeutet, dass hauptsächlich Kinder Opfer dieses Verbrechens werden. Entstanden ist der Begriff Kidnapping ursprünglich im 17. Jahrhundert in England, wo Kinder geraubt und als billige Arbeitskräfte in die überseeischen Kolonien verkauft wurden.

Die älteste Kindesentführung mit Lösegeldforderung, die dokumentiert ist, führt zurück in das Jahr 1874. In der US-amerikanischen Stadt Germantown (Pennsylvania) wurde der vierjährige Charles Brewster Ross gekidnappt. Die Entführer verlangten 20 000 Dollar, eine für die damalige Zeit beträchtliche Summe. Das Kidnapping endete tragisch, die Geldübergabe misslang und die Kidnapper wurden getötet. Das Schicksal des kleinen Charles blieb für alle Zeiten im Dunkeln.

Ein Fall, der weltweit für Aufsehen sorgte und auch heute noch als der berühmteste Kidnapping-Fall aller Zeiten gilt, ereignete sich 1932 im US-Bundesstaat New Jersey – die Entführung und Ermordung des Lindbergh-Babys. In Deutschland waren Verbrechen dieser Art bis dato unbekannt und daher auch nicht

Bestandteil des Strafrechts. Im Jahr 1936, nachdem man den Kidnapper des Lindbergh-Babys, den deutschstämmigen Emigranten Bruno Hauptmann, auf dem elektrischen Stuhl hingerichtet hat, wurde in Deutschland erstmalig der Tatbestand des Kidnapping als »erpresserischer Kindsraub« ins deutsche Strafrecht aufgenommen und mit dem Tode bestraft.

1953 wurde der im Paragraf 239a erfasste »erpresserische Kindsraub« im Zuge der Strafrechtsänderung im StGB modifiziert und auch das Strafmaß geändert.

Jedoch erst im Jahr 1971 fand eine Tatbestandserweiterung statt, die auch Erwachsene als mögliche Opfer mit einbezog. An Stelle der Formulierung »erpresserischer Kindsraub« hieß es fortan »erpresserischer Menschenraub«.

Der genaue Gesetzestext im Falle des erpresserischen Menschenraubes lautet:

> »(1) Menschen entführen oder sich eines Menschen bemächtigen, um die Sorge des Opfers um sein Wohl oder die Sorge eines Dritten um das Wohl des Opfers zu einer Erpressung auszunutzen, oder die von ihm durch eine solche Handlung geschaffene Lage eines Menschen zu einer solchen Erpressung ausnutzt wird mit einer Freiheitsstrafe nicht unter fünf Jahren bestraft.
> (2) In minder schweren Fällen ist die Strafe Freiheitsstrafe nicht unter einem Jahr.
> (3) Verursacht der Täter durch die Tat wenigstens leichtfertig den Tod des Opfers, so ist die Strafe lebenslange Freiheitsstrafe oder Freiheitsstrafe nicht unter zehn Jahren.
> (4) Das Gericht kann die Strafe nach § 49 Abs. 1 mildern, wenn der Täter das Opfer unter Verzicht auf die erstrebte Leistung in dessen Lebenskreis zurückgelangen lässt. Tritt dieser Erfolg ohne Zutun des Täters ein, so genügt sein ernsthaftes Bemühen, den Erfolg zu erreichen.«

Das Ziel von Entführungen ist das Erpressen von Lösegeld. Von viel Lösegeld. Meistens überspringen die Forderungen die Millionengrenze. So wie im Jahr der Entführungen 1976, als eine spektakuläre Entführungswelle durch Deutschland schwappte.

Paul Kammerer, 1880 in Wien zu Welt gekommen und 1926 durch eigene Hand gestorben, war ein österreichischer Biologe. Er beschäftigte sich vorwiegend mit Experimenten an Amphibien, um die Vererbbarkeit erworbener Fähigkeiten zu beweisen. Daneben machte er sich auch Gedanken über das Phänomen der Serialität und schrieb ein Buch mit dem Titel »Das Gesetz der Serie – Eine Lehre von den Wiederholungen im Lebens- und Weltgeschehen«. Kammerer vertrat darin die These, dass sich hinter einer zufällig scheinenden Häufung ähnlicher Geschehnisse durchaus eine Gesetzmäßigkeit verbirgt, auch wenn sich diese naturwissenschaftlichen Erklärungen entzieht. Der Titel seines Buches »Das Gesetz der Serie« ist längst in den allgemeinen Sprachgebrauch übergegangen. So sprach man auch vom Gesetz der Serie, als in den letzten drei Monaten des Jahres 1976 die Zahl der Entführungen in Deutschland dramatisch zunahm.

— Am 8. Oktober 1976 wird im hessischen Fulda der 32-jährige Vorstandsvorsitzende des Handelsunternehmens Tegut, Wolfgang Gutberlet, entführt. Die Forderung der drei Entführer beträgt 2 Millionen Mark. Eine Woche nach der Entführung ist Wolfgang Gutberlet wieder frei. Die Täter werden gefasst und das Lösegeld sichergestellt. Die Höhe der Lösegeldforderung dient den Entführern im Fall Gernot Egolf nach eigener Aussage als Vorlage, ebenfalls 2 Millionen zu verlangen.

— Am 19. Oktober 1976 wird in Homburg Gernot Egolf (32), der Neffe des damaligen Chefs der Karlsberg-Brauerei, von zwei Männern entführt, in einen Bunker im nördlichen Saarland gebracht und angekettet. Zwei Geldübergaben scheitern. Die Täter werden gefasst. Einer der beiden Entführer nimmt sich in der Untersuchungshaft das Leben. Als einziges Opfer dieser schrecklichen Entführungsserie überlebt Gernot Egolf die Torturen seiner Gefangenschaft nicht. Er wird fünf Wochen nach seiner Entführung tot aufgefunden.

— Der bekannte Springreiter und Juniorchef des Handelsunternehmens Ratio, Hendrik Snoek (28), wird am 3. November 1976 im westfälischen Münster Opfer einer Entführung. Die Tür zu seinem Appartement wird in der Nacht aufgebrochen und der ahnungslos Schlafende überwältigt. Hendrik Snoek ist zwei Tage lang in einem Hohlraum unter einer Autobahnbrücke gefangen. Wie Gernot Egolf ist auch er angekettet. Es gelingt ihm, durch eine Öffnung Papierschnipsel zu werfen und so auf sich aufmerksam zu machen. Die beiden Täter werden gefasst. Ein Großteil des Lösegeldes bleibt verschwunden. Dass einer der Täter sich das Leben nimmt, ist eine weitere Parallele zum Fall Egolf.

— Am 14. Dezember 1976 trifft es die Familie Oetker. Der 25-jährige Richard Oetker wird auf dem Parkplatz der Universität Weihenstephan, wo er Brauerei- und Agrarwissenschaft studiert, überwältigt und in einen Lieferwagen gestoßen. Dort zwängt ihn der Entführer in eine Holzkiste von 145 cm Länge und 70 cm Breite. Für Richard Oetker, der 194 cm groß ist, ist das allein schon eine Qual. Der Entführer hat die Kiste zusätzlich mit einem akustischen Gerät ausgestattet. Sobald Oetker um Hilfe ruft oder gegen die Kiste schlägt, soll er einen Stromschlag bekommen. Das Gerät wird aber durch den Transport beschädigt und Richard Oetker durch Stromschläge lebensgefährlich verletzt. Der Entführer verlangt 21 Millionen Mark. Die Übergabe gelingt und der schwerverletzte Richard Oetker wird nach zwei Tagen in einem Auto im Wald ausgesetzt. Der Täter wird zwei Jahre später verhaftet. Ein Teil des Lösegeldes kann sichergestellt werden. 2001 wird die Geschichte der Oetker-Entführung verfilmt. »Der Tanz mit dem Teufel – Die Entführung des Richard Oetker«.

»Moderne Verbrechen« nennt die *Saarbrücker Zeitung* in einem Artikel vom 11. Dezember 1976 Geiselnahmen und Entführungen und stellt sie klassischen Verbrechen gegenüber – ohne letztere näher zu benennen.

Das Nachrichtenmagazin *Der Spiegel*, das am 27. Dezember 1976 die Entführungsserie als Titelthema hat, schreibt flapsig: »Kidnapping ist die kriminelle Methode dieses Herbstes«. Zum Glück hat sich diese »Mode« nach 1976 nicht durchgesetzt. Die Zahl der Entführungen in Deutschland ist laut einer Statistik des Bundeskriminalamtes von Jahr zu Jahr zurückgegangen, auch wenn es immer wieder spektakuläre Fälle gibt, wie die Entführung und Ermordung des elfjährigen Bankiersohnes Jakob von Metzler, 2002 oder der Heidenheimer Bankiersgattin Maria Bögerl, 2010.

Anfang des Jahres 1977, unter dem Eindruck der Entführungen von Wolfgang Gutberlet, Gernot Egolf, Hendrik Snoek und Richard Oetker beschließen die Innenminister der Länder unter Federführung Bayerns, einen »ad hoc-Ausschuss« zur Analyse der Fälle des erpresserischen Menschenraubs zu initiieren.

Auch bei der Polizeiführungsakademie in Münster (seit 2006 Deutsche Hochschule der Polizei) hat dieses Thema höchste Priorität. Man bittet im Januar 1977 die saarländische Polizei um einen Gastreferenten zu dem Thema »Entführungen, Geiselnahmen, Erpressungen«, der über die polizeilichen Einsatzerfahrungen im Fall Gernot Egolf referieren soll.

Zu Beginn des Jahres 1976 hätte sich sicherlich niemand aus der Familie und dem Freundeskreis der Egolfs vorstellen können, dass es zwölf Monate später einen »Fall Egolf« geben würde und wie tragisch dieser enden wird.

Gernot Eckart Egolf, geboren am 5. Juli 1944, Sohn von Karl-Simon Egolf und Liesel geborene Weber, gestorben wahrscheinlich am 28. November 1976.

Auf seinem Grab steht ein steinernes Kreuz mit seinen Lebensdaten, daneben ein Gedenkstein mit der Inschrift:

Unter den Seligen des Himmels
suchen wir dich, Gernot,
unschuldiges Opfer grausamer Taten.

Grab von Gernot Egolf auf dem Homburger Friedhof

Planung und Vorbereitung

Der 1955 geborene Joachim Peter M. und der 1954 geborene Andreas Mathias Peter Maria L. sind seit ihrer Kindheit miteinander befreundet. Sie leben in enger Nachbarschaft im Homburger Stadtteil Erbach.

Eine räumliche Nähe, die den beiden fast Gleichaltrigen in ihrer Entwicklung mehr geschadet als genutzt hat. Denn so konnte sich zwischen ihnen, zusätzlich zum jeweils eigenen kriminellen Potenzial, eine zusätzliche kriminelle Dynamik entwickeln, die letztendlich in eine Katastrophe führte.

Ihre Lebenswege und ihre Entwicklung zeigen eindeutige Parallelen auf:

Joachim M. ist das zweitgeborene Kind von vier Geschwistern.

Andreas L. hat noch zehn Geschwister.

Joachim M. muss die zweite Volksschulklasse wiederholen. Er verlässt die Schule nach der achten Klasse.

Andreas L. wiederholt sowohl die zweite als auch die vierte Volksschulklasse und wird nach der siebten Klasse aus der Schule entlassen.

Die beiden arbeiten in den Jahren 1969 und 1970 (zu dieser Zeit sind sie noch minderjährig) in einer Homburger Kneipe als Kellner. Dort entstehen auch erste Kontakte ins homosexuelle Milieu. Von da an verdingen sie sich, wann immer sich Gelegenheit dazu bietet, als Strichjungen. Beide legen allerdings großen Wert darauf, nicht als Homosexuelle zu gelten, die sich aus Neigung mit Männern einlassen. Sie betonen, dass sie es ausschließlich des Geldes wegen tun und beide haben Beziehungen zu jungen Frauen.

Joachim M. absolviert nach der Schule eine vierjährige Ausbildung zum Waldfacharbeiter, die er auch mit der Facharbeiterprüfung beendet. Anschließend arbeitet er noch ungefähr neun Monate beim Forstamt Homburg.

1974 bietet sich ihm eine reelle Chance, sein Leben richtig in den Griff zu bekommen. Er wird Zeitsoldat bei der Bundeswehr und Fahrer in der Staffel einer Luftwaffeneinheit im rheinland-pfälzischen Sobernheim. Er wird zum Obergefreiten befördert, aber das bleibt auch der höchste Dienstgrad, den er erreicht. Schon im August 1975 wird er aufgrund eines anhängenden Strafverfahrens wegen Diebstahls unehrenhaft aus der Bundeswehr entlassen. Die Verpflichtungsprämie von viertausend Mark, die er zu Beginn seiner Dienstzeit bekommen hat, wird von ihm zurückgefordert.

Danach ist er ohne reguläre Arbeit, was ihn jedoch nicht davon abhält, sich im Januar 1976 ein Auto der Marke Peugeot 304 zu kaufen. Er macht eine Anzahlung auf das Auto, hat aber infolge dessen 10 000 Mark Schulden.

Andreas L. beginnt nach der Schule eine Ausbildung zum Heizungsmonteur im väterlichen Betrieb, die er aber nicht beendet. Er treibt sich herum und verdient sein Geld sowohl im Saarland als auch anderswo auf dem Homo-Strich. Er versucht in Homburg wieder als Heizungsmonteur beruflich Fuß zu fassen, womit er aber scheitert.

Zum ersten Mal wird Joachim M. 1973 strafrechtlich auffällig. Hehlerei, Einbruchdiebstähle in Gaststätten und aus PKW sind die Delikte. Auch fällt er wegen seines rücksichtslosen Fahrstils auf, der ihm manche Anzeige einbringt.

Andreas L. macht sich 1975 zum ersten Mal strafbar. Er stiehlt das Auto des bekannten Homburger Rallye-Fahrers Karl Richter, mit dem er, ohne in Besitz einer gültigen Fahrerlaubnis zu sein, in Oberbexbach einen schweren Verkehrsunfall verursacht. Dabei kommen zwei Personen ums Leben, sechs werden schwer verletzt. Eine der tödlich Verunglückten ist seine Freundin. Er wird hierfür zu einem Jahr auf Bewährung und Schadensersatz verurteilt. Die Schadensersatzsumme, die von ihm eingefordert wird, beläuft sich auf 80 000 Mark.

Über die Straftaten, die die beiden in den siebziger Jahren noch begehen und die nicht entdeckt werden, lässt sich nur spekulieren.

Im August 1976, als die Planung der Entführung schon auf Hochtouren läuft, begehen die beiden jungen Männer in Saarbrücken zusammen eine weitere Straftat: Ein 34-jähriger Mann, mit dem Andreas L. schon länger eine homosexuelle Beziehung hat, wird von den beiden zusammengeschlagen und bestohlen.

Das Diebesgut: 380 Mark und ein Kofferradio.

Zurück zum Anfang des Jahres 1976.

Joachim M. und Andreas L. stecken beide tief im selbst verschuldeten Schuldensumpf. Aus diesem Sumpf können sie, aus ihrer Sicht, nur herauskommen, wenn sie ein »ganz großes Ding« drehen.

Schon im Januar/Februar erörtern sie die Möglichkeit einer Entführung. Das Vorhaben nimmt immer mehr Konturen an. Sie überlegen, wer als Opfer geeignet wäre.

Es kommt nur eine Person in Frage, die über einen finanziell gesicherten Hintergrund verfügt, damit sich das Risiko auch lohnt. Und es ist für sie wichtig, dass diese Person in der näheren Umgebung lebt, wo sie beide sich auskennen und sicher agieren können.

Ihre Wahl fällt zunächst auf Dr. Paul Weber, den Direktor der Karlsberg-Brauerei in Homburg.

Die Karlsberg-Brauerei KG wurde 1878 von Christian Weber gegründet und hieß damals noch *Bayerische Bierbrauerei zum Karlsberg*. Der Name geht zurück auf das im Jahr 1793 zerstörte Schloss Karlsberg, der ehemaligen Residenz des Herzogs Karl II. August von Pfalz-Zweibrücken. Dr. Paul Weber ist der Enkel des Firmengründers.

Von dem Vorhaben, ihn zu entführen, nehmen die beiden jedoch Abstand, da sie nicht wissen, wie sie an ihn herankommen sollen.

Ein Ersatz für den vielbeschäftigten Chef der Karlsberg-Brauerei ist rasch gefunden. Die Wahl fällt nun auf dessen Neffen Gernot Egolf, der ebenfalls in der Karlsberg-Brauerei als Brauer arbeitet. Gernot ist der Sohn von Liesel Egolf geborene Weber, der Schwester Dr. Paul Webers und dem Brauerei-Ingenieur Karl-Simon Egolf, der bis vor einem Jahr technischer Direktor bei Karlsberg war.

Auf Grund einer Lernbehinderung liegen Gernot Egolfs schulische Leistungen unter dem Durchschnitt. Er besucht ab dem sechsten Lebensjahr für vier Jahre die protestantische Grundschule in Homburg, wechselt zum Übergang in die fünfte Klasse auf das Realgymnasium, das er aber nach einem Jahr wieder verlassen muss. Daraufhin schicken ihn seine Eltern für fünf Jahre auf ein Schweizer Internat in Oberägeri im Kanton Zug. In den Jahren 1960 bis 1962 besucht er eine private Handelsschule und beginnt 1963 mit der Ausbildung zum Brauer und Mälzer in der Karlsberg-Brauerei, die er 1966 mit einer Prüfung vor der Industrie- und Handelskammer abschließt.

Im Jahr 1965 wird Gernot Mitgesellschafter der Karlsberg-Brauerei KG.

Andreas L. hat den gutmütigen und offenherzigen, aber auch leichtgläubigen Gernot Egolf 1973 in einer Homburger Gaststätte kennengelernt. Danach ist man sich immer wieder einmal zufällig begegnet – Homburg ist ja eine kleine und überschaubare Stadt. Hier läuft man sich häufig über den Weg. Eine Freundschaft zwischen ihm und Gernot Egolf ist jedoch zu keiner Zeit entstanden.

Joachim M. und Andreas L. schätzen Gernot Egolf als ängstlich und willfährig ein. Mit anderen Worten, sie sehen in ihm ein Opfer, das leicht zu ergreifen und von dem keine große Gegenwehr zu erwarten ist.

In den Monaten Mai und Juni wird ein geeignetes Versteck zur Unterbringung des künftigen Entführungsopfers gesucht. Die beiden besichtigen einen gesprengten ehemaligen Westwallbunker aus dem Zweiten Weltkrieg, den M. noch aus seiner kurzen Zeit bei der Bundeswehr kennt und der im Kreis St. Wendel, zwischen den kleinen Dörfern Eisen und Achtelsbach liegt und von Homburg etwa 65 Kilometer entfernt ist.

Der Bunker ist ungefähr 5,5 x 3 m groß, mit einer Höhe von 1,40 m. Sie machen auch Rufproben, um festzustellen, ob eventuelle Hilfeschreie außerhalb des Bunkers zu hören seien. Das ist nicht der Fall, das Versteck ist absolut schalldicht. Die beiden erachten diese Bunkerruine als geeignet, ihr Opfer darin zu verstecken.

Mitte August zeichnet Andreas M. einen Stadtplan von Homburg auf Millimeterpapier. Er versieht verschiedene Punkte darauf, wie zum Beispiel Parkplätze, mit Nummern. Anhand dieser Nummerierung wollen er und sein Partner später bei der Geldübergabe exakte Fahrtanweisungen für den Geldboten geben.

Den Plan stecken die beiden in eine Klarsichthülle und deponieren ihn unbemerkt unter einem Blumenkübel vor der Villa der Familie Egolf in der Lagerstraße.

Der Plan spielt aber bei ihrem weiteren Vorgehen keine Rolle mehr. Bei allen späteren Telefonaten werden sich die beiden nicht ein einziges Mal auf ihn beziehen.

Er wird zweieinhalb Monate später, am 5. November, zufällig vom Gärtner der Egolfs gefunden und von Gernots Vater der Kriminalpolizei übergeben. Die vermutet zwar, dass dieser Plan etwas mit der schon fast drei Wochen andauernden Entführung zu tun haben könnte, erkennt aber keinen direkten Zusammenhang. Es wird auch eine daktyloskopische Spurensuche an dem Millimeterpapier und der Klarsichtfolie durchgeführt, aber keine brauchbaren Fingerabdrücke gefunden.

Ende August ruft Andreas L. bei den Egolfs an, um mit Gernot Egolf einen ersten Kontakt aufzunehmen. Bei diesem Anruf wird ihm mitgeteilt, dass sich dieser vom 17. August bis zum 14. September im hessischen Bad Homburg zur Kur befindet. Die Entführung wird notgedrungen aufgeschoben, bis Gernot wieder zu Hause ist.

Joachim M. verlässt Homburg für ein paar Tage und fährt Ende September nach Norddeutschland. Auf der Rückfahrt macht er Station in Marburg an der Lahn. Dort lernt er in einer Diskothek die 23-jährige Ingrid S. kennen.

In einem Artikel der *BILD*-Zeitung von 16. Januar 1977 mit dem reißerischen Titel »Erst ins Bett – dann ins Verbrechen« kommt Ingrid S. zu Wort. Unter anderem erzählt sie dem Boulevard-Blatt (gegen Bezahlung) von ihrer ersten Begegnung mit Joachim M. in der Marburger Diskothek, bei der dieser sich als unehelicher Sohn eines reichen Brauereibesitzers (!) aus dem Saarland ausgegeben und als Beruf angegeben hat, Importeur von Sportartikeln aus Frankreich zu sein.

Schnell bahnt sich zwischen dem Kleinkriminellen und Aufschneider und der verheirateten, aber leichtlebigen Frau mit zwei kleinen Kindern eine intime Beziehung an. Sie werden sich in den kommenden Wochen, während die Entführung läuft, häufig sehen und Ingrid S. wird eine entscheidende und sehr fragwürdige Rolle in diesem Drama spielen.

Es ist Anfang Oktober. Gernot Egolf ist zurück von seiner Kur in Bad Homburg. Es hat sich gut erholt, fühlt sich wohl und nimmt seine Arbeit in der Brauerei wieder auf.

Andreas L., der von beiden der Dominantere ist, macht kurz darauf den ersten Schritt von der Planung zur Tat. Er ruft Gernot Egolf an und nennt sich Norbert Reuter.

Jetzt kommt der Zufall ins Spiel, der willkürlich seine Gunst den Guten wie den Bösen schenkt. Der Zufall will es nämlich, dass Gernot Egolf ausgerechnet einen Mann dieses Namens kennt. Daher spricht er unbefangen und ohne Argwohn mit dem vermeintlichen Bekannten.

Das letzte Wochenende vor seiner Entführung, vom 16. bis zum 17. Oktober 1976, verbringt Gernot Egolf bei Freunden in Koblenz, der Stadt an Rhein und Mosel. Die Fahrkarte für die Reise nach Koblenz kauft er sich schon einen Tag zuvor, am Freitag, dem 15. Oktober, an einem Fahrkartenschalter im Homburger Hauptbahnhof.

Diese Fahrkarte nach Koblenz wird auf Grund einer falschen Datumsangabe des Bahnbeamten später zu großer Verwirrung führen und mit dazu beitragen, dass die Ermittlungen unnötiger Weise in eine falsche Richtung gelenkt werden.

Als Gernot am Sonntag, dem 17. Oktober, von Koblenz zurück nach Homburg fährt, hat er seinen Koffer in Koblenz als Gepäckstück bei der Bahn aufgegeben.

Ob M. und L. wissen, dass Gernot Egolf das Wochenende in Koblenz verbringt, ist nicht bekannt. Möglich, dass Gernot, offenherzig wie er nun mal ist, Andreas L. alias Norbert Reuter am Telefon von seinem Wochenendtrip erzählt und angedeutet hat, dass noch weitere folgen werden.

Jedenfalls werden die beiden Entführer nicht mehr lange mit der Ausführung ihrer Tat warten. In der Nacht vom 18. auf den 19. Oktober soll ihr »großes Ding« starten.

Die zwei wollen am Abend Gernot Egolf mit einem Anruf unter dem Namen Norbert Reuter aus dem Haus in der Lagerstraße locken.

Wie es dann weitergehen soll, stellen sich die beiden so vor, wie man es aus jedem landläufigen Fernsehkrimi kennt: Sie wollen sich Damenstrümpfe über den Kopf ziehen, damit sie nicht erkannt werden können. Auf einem verwilderten Grundstück, das unweit des Anwesens der Egolfs liegt, wollen sie auf Gernot Egolf warten und wenn er herauskommt, wollen sie ihn überwältigen, ihm einen Sack über den Kopf ziehen und ihn zu ihrem in einer Nebenstraße abgestellten Auto bringen.

So weit das abenteuerliche Vorhaben, das es jetzt in die Tat umzusetzen gilt: Joachim M. versteckt sich auf dem verwilderten Grundstück und beobachtet, ob jemand hinein- oder hinausgeht. Andreas L. sucht den nächsten öffentlichen Fernsprecher auf und ruft bei Egolfs an. Er erreicht aber nicht Gernot, sondern dessen Vater.

Herr Egolf gibt ihm die Auskunft, dass sein Sohn nicht zu Hause sei. Entspricht diese Antwort der Wahrheit oder will Herr Egolf den Kontakt eines ihm unbekannten Mannes zu seinem Sohn unterbinden? Gernot befindet sich, obwohl er schon 32 Jahre alt ist, quasi immer noch in der Obhut seiner Eltern.

Gernot, 1,62 m groß und untersetzt, ist das einzige Kind der Egolfs. Die Tatsache, dass er ein wenig naiv ist und mitunter deswegen auch gehänselt wird, versucht er durch angeberisches Auftreten zu kompensieren. Wenn er in Gaststätten unterwegs ist, tritt er immer sehr freigiebig auf und schließt schnell Bekanntschaften – auch mit Menschen, die seine Großzügigkeit ausnutzen oder einen zwielichtigen Charakter haben. Er möchte eben gerne von allen anerkannt sein.

Von 1971 bis 1972 wohnt er für kurze Zeit in einer eigenen Wohnung im *Gothaer-Haus*, einem mehrstöckigen Wohnhaus in der Innenstadt. Während dieser Zeit muss etwas passiert sein, das ihn, wenn es bekannt würde, kompromittieren könnte. Er wird nämlich von einem seiner zwielichtigen Bekanntschaften erpresst. Diese Straftat wird seinerzeit auch zur Anzeige gebracht.

Wahrscheinlich auf Wunsch seiner Eltern zieht Gernot vom *Gothaer-Haus* wieder zurück in die Lagerstraße, wo er im ersten Stock der Villa zwar sein eigenes Refugium hat, sich aber dennoch in der Obhut seiner Eltern befindet.

Nachdem Andreas L. am Telefon von Herrn Egolf die Auskunft erhalten hat, Gernot sei nicht zu Hause, gehen die beiden davon aus, dass Gernot Egolf zwar außer Haus ist, jedoch in den nächsten Stunden zurückkehren wird. Sie parken M.s Peugeot in der Lagerstraße, beobachten das Anwesen und warten im Wagen einige Stunden auf ihn – vergebens. Also kommen sie am Morgen um 5 Uhr nochmals zum Anwesen der Familie Egolf, wohl in der Hoffnung, ihn auf dem Weg zur Arbeit abpassen zu können und warten diesmal bis 7 Uhr – wieder vergebens.

Es ist jetzt Dienstag, der 19. Oktober 1976, und der letzte Tag, den Gernot Egolf in Freiheit verbringen wird.

Zu diesem Zeitpunkt ist es die beiden allem Anschein nach noch wichtig, bei der Entführung von Gernot Egolf nicht erkannt zu werden. Daraus könnte man schließen, dass sie zu diesem frühen Zeitpunkt den Tod ihres Opfers nicht einplanen, was sich aber im Laufe der nächsten Stunden dramatisch ändern wird.

Sie sind jetzt wütend, dass sie die Entführung in dieser Nacht nicht so durchziehen konnten, wie sie es geplant hatten.

Sie fahren im morgendlichen Berufsverkehr durch die Homburger Innenstadt zum Hauptbahnhof. Dort kehren sie in der Bahnhofswirtschaft ein, die als einzige Lokalität vor Ort um diese Tageszeit geöffnet hat.

Wie in allen Bahnhofswirtschaften treffen um diese Zeit verschiedene Welten aufeinander – Arbeiter und Angestellte, die auf ihren Zug warten, trinken den ersten Kaffee am Morgen und von der Nacht Gestrandete genehmigen sich ein letztes Bier.

In dieser frühmorgendlichen Anonymität, in der jeder mit sich selbst beschäftigt ist, sitzen die beiden zusammen an einem Tisch und bestärken sich gegenseitig, das »große Ding« unbedingt noch am selben Tag durchzuziehen. Jetzt, wo der erste Schritt getan ist, soll es kein Zurück mehr geben.

Sie beschließen, Gernot Egolf am Nachmittag auf seiner Arbeitsstelle anzurufen, ihn von dort wegzulocken und am helllichten Tag mitten in Homburg zu entführen.

Wild entschlossen sind sie jetzt sogar bereit, dem Opfer ihre Identität zu offenbaren – Hauptsache die Entführung geht noch heute über die Bühne.

Dieser auf Biegen und Brechen gefasste Entschluss ist ein deutliches Zeichen dafür, wie nervös und überfordert die beiden bereits sind. Ausgesprochen schlechte Voraussetzungen für den erfolgreichen Abschluss einer so komplizierten Straftat wie einer Entführung.

Die schreckliche Konsequenz aus diesem übereilten Entschluss, die Entführung auch unter Preisgabe ihrer Identität durchzuführen, wird Gernot Egolfs Tod sein.

»Dann muss Egolf eben hops gehen«, sagt Andreas L. lapidar zu seinem Komplizen, der ihm nicht widerspricht.

Zwei Kilometer Luftlinie von der Bahnhofswirtschaft entfernt geht Gernot Egolf seiner Arbeit in der Brauerei nach. Er ahnt nicht, dass am anderen Ende der Stadt gerade zwei junge Männer nicht nur über seine Entführung beratschlagen, sondern das Todesurteil über ihn fällen.

Es ist 13:30 Uhr, als Gernot Egolf in der Mittagspause mit dem Taxi von der Karlsberg-Brauerei zu eben jenem Bahnhof fährt, wo sich ein paar Stunden zuvor Joachim M. und Andreas L. aufgehalten haben. Er geht zum Gepäckschalter und holt seinen vor zwei Tagen in Koblenz aufgegebenen Koffer ab.

Da von dem Beamten der Kofferausgabe bei der Vernehmung zuerst eine falsche Uhrzeit (nämlich 18 Uhr) angegeben wird, führt auch dieser Umstand auf eine völlig falsche Fährte.

Nachdem er seinen Koffer entgegengenommen hat, fährt er mit dem Taxi nach Hause in die Lagerstraße.

Zu Hause angekommen, packt er seinen Koffer nur zur Hälfte aus. Gegen 14:15 Uhr fahren seine Mutter und er mit dem Taxi zur Brauerei in der Karlsbergstraße beziehungsweise Frau Egolf weiter in die Innenstadt.

Es ist eine der Eigenarten und wohl auch Angeberei von Gernot Egolf, dass er in Homburg stets mit dem Taxi fährt. Selbst kurze Strecken legt er nicht zu Fuß zurück.

Als Gernot in der Karlsbergstraße aus dem Taxi steigt, sagt er zu seiner Mutter: »Mutti, ich versuche heute früher heimzukommen, um meinen Koffer auszupacken und meinen Sekretär aufzuräumen.«

Es sind die letzten Worte, die Liesel Egolf von ihrem Sohn hören wird.

Kein Zurück

Es ist kurz vor 16 Uhr, als bei Gernot Egolf an seinem Arbeitsplatz in der Brauerei das Telefon klingelt. Er hebt den Hörer ab und Andreas L. meldet sich wieder unter dem Namen Norbert Reuter. Die beiden verabreden sich für den Nachmittag zu einer spontanen Kneipentour. Der Treffpunkt ist nicht weit von der Karlsberg-Brauerei entfernt, in der Nähe des italienischen Restaurants *Portofino*, in der Talstraße.

Dass Gernot Egolf noch nicht einmal zwei Stunden vorher zu seiner Mutter gesagt hat, er versuche früher heimzukommen, scheint er vergessen zu haben. Oder aber es ist ein für ihn typisches Verhalten, das die ständige Besorgnis und den Wunsch seiner Eltern ihn zu behüten, verständlich macht.

Gernot Egolfs Kollegen sagen später aus, er sei freudig erregt gewesen, als er kurz nach dem Telefonat die Brauerei verlässt. Offensichtlich freut er sich auf das Treffen mit seinem vermeintlichen Bekannten Norbert Reuter und auf die Aussicht, etwas mit ihm zu unternehmen.

Gernot Egolf erscheint ungefähr um 16:30 Uhr am verabredeten Treffpunkt.

Es ist eine Situation, bei der die meisten Menschen anders reagieren würden, als Gernot Egolf es in diesem Moment tut. Er bemerkt natürlich, dass ihn nicht Norbert Reuter erwartet. Aber es macht ihm nichts aus, statt seines Bekannten Reuter den ihm nur flüchtig bekannten Andreas L. am Treffpunkt zu sehen. Gernot ist nicht wütend, fühlt sich nicht veräppelt oder vermutet gar etwas Schlimmeres. Er nimmt die Situation gerade so wie sie ist. Auch der Umstand, dass noch ein weiterer Mann dabei ist, von dem vorher am Telefon nicht die Rede war, stört ihn weder, noch macht es ihn misstrauisch. Die Freude über die in Aussicht gestellte Unternehmung macht für ihn alles wett.

Er begrüßt Joachim M., den er nur vom Sehen kennt, mit den Worten: »Dich kenne ich doch auch.« und steigt ohne den geringsten Argwohn auf den Rücksitz von M.s' Peugeot.

Die drei beratschlagen, wohin sie fahren sollen. Die Wahl fällt auf eine Kneipe außerhalb der Stadt.

Sie fahren stadtauswärts, durch den Ort Sanddorf und dann auf der Sickinger Straße weiter Richtung Bechhofen. Aber M. fährt an dem von den dreien zuvor ausgesuchten Lokal vorbei. Auf Gernots Einwand, warum er nicht anhalte, behaupten die beiden auf einmal, die Kneipe hätte Dienstag Ruhetag, was Gernot bestreitet. Sie diskutieren eine Weile, bis M. plötzlich auf einen Feldweg abbiegt.

Er hält den Wagen an und die beiden drehen sich zu ihrem ahnungslosen Fahrgast um. Jetzt wird der Satz ausgesprochen, der für alle drei zum Schicksal wird. Joachim M. und Andreas L. eröffnen Gernot Egolf, dass er entführt sei.

Gernot hält das zunächst für einen Scherz und lacht. Aber die beiden stimmen nicht in sein Lachen ein. Als Gernot langsam bewusst wird, dass die Sache bitterernst gemeint ist, beginnt er zu schreien und versucht aus dem Wagen zu fliehen. Aber die Türen im Fond lassen sich nicht mehr von innen öffnen, denn M. hat vorsorglich die Kindersicherung an beiden hinteren Türen aktiviert.

Andreas L. bedroht Gernot mit einer Gaspistole, die einer echten Pistole täuschend ähnlich sieht. »Mach doch keinen Quatsch, es passiert Dir ja nichts!«, sagt er, während sie dem hilflos Ausgelieferten mit einem Klebeband die Hände zusammenbinden und den Mund zukleben. Dann stülpen sie ihm noch einen Kopfkissenbezug über den Kopf und befehlen ihm, sich auf den Rücksitz zu legen. Zum Schluss legen sie noch eine Wolldecke über ihn. Anschließend fahren sie weiter zu der Bunkerruine.

Während der gesamten Entführungsphase gibt es keine Zeugen. Nicht ein Passant befindet sich in der Talstraße, keine Spaziergänger oder spielenden Kinder sind während ihres Aufenthaltes auf dem Feldweg oder an der Bunkerruine zugegen – niemand beobachtet etwas oder kommt zufällig bei den entscheidenden Aktivitäten der Täter vorbei. Die Entführung verläuft bis hierher absolut reibungslos, was Joachim M. und Andreas L. die trügerische Sicherheit vermittelt, die Sache vollkommen im Griff zu haben.

Während der Fahrt verhält sich Gernot ruhig, so dass das Klebeband von seinem Mund entfernt wird, damit er zumindest ein bisschen besser atmen kann.

Es ist noch hell, als sie bei dem Versteck ankommen. M. und L. wollen den Einbruch der Dunkelheit abwarten, bevor sie über das Feld zum Bunker gehen. Die beiden Dörfer, die jeweils nicht einmal 500 Einwohner zählen, liegen ganz in der Nähe und sind durch eine Straße verbunden, von der aus man die Bunkerruine, die wie ein natürlicher Erdhügel aussieht, gut sehen kann.

Während der Wartezeit entfernen die beiden auch das Klebeband von Gernots Händen. Sie wissen, dass er nicht fliehen kann und selbst wenn er es könnte, letztendlich nicht den Mut dazu hätte.

Sie erzählen ihm, dass er im Auftrag eines Italieners entführt werde und dass dessen Anweisungen unter allen Umständen befolgt werden müssten. Das Versteck, zu dem sie ihn später bringen werden, gaukeln sie ihm weiter vor, gehöre zu einem Landhaus, in dem sich eben jener Italiener befände.

Vielleicht assoziieren Joachim M. und Andreas L. eine Entführung mit Italien oder der Mafia, nachdem Anfang der siebziger Jahre der Film *Der Pate* in die deutschen Kinos kam und die Mafia hierzulande einem breiten Publikum erst richtig bekannt gemacht

Gelände des Bunkers mit Kreuz

hat. Vielleicht wollen die beiden Erbacher Kleinkriminellen aber auch nur vor Gernot mit Internationalität und vermeintlich weltmännischem Gehabe angeben. Denn im Gegensatz zu ihnen stammt er aus einer hoch angesehenen Familie und ist auf ein Schweizer Internat gegangen.

Die Dunkelheit bricht herein und die zwei führen Gernot über das Feld, auf dem der Bunker liegt. Um diese Jahreszeit ist es im nördlichen Saarland schon bitterkalt, und über das Feld weht ein eisiger Wind. Gernot trägt ein Hemd, einen Anzug und einen Trenchcoat. Keine geeignete Kleidung für das, was ihm bevorsteht.

Joachim M. und Andreas L. steigen mit ihm hinunter zu dem dunklen, halb verfallenen Versteck, das seine letzte Bleibe sein wird.

Ausgestattet ist die Bunkerruine mit einer Matratze und Wolldecken, um sich gegen die Kälte zu schützen – Dinge, die die beiden schon vorab dort deponiert haben. Einen wirksamen Schutz gegen die Kälte können allerdings weder die Matratze noch die Wolldecken bieten, denn es ist Ende Oktober und die Temperaturen neigen sich dem Gefrierpunkt zu. Außerdem herrscht in der Bunkerruine eine sehr hohe Luftfeuchtigkeit. Die beiden überlassen Gernot auch noch etwas zu Essen und zu Trinken sowie Kerzen und Zündhölzer.

Gernot muss seine Taschen leeren und den Inhalt in ein Taschentuch legen. Das Taschentuch wird verknotet und die Sachen werden in einer Wandnische verwahrt, weil der Boden zu feucht ist. Das Bargeld, das Gernot bei sich trägt, es sind 150 Mark, nimmt Andreas L. an sich. Damit will er Benzin und Verpflegung bezahlen.

Anschließend werden Gernot Egolfs Hände mit einer 1,20 m langen Kette zusammengebunden und an einem in der Wand steckenden Moniereisen mit einem Vorhängeschloss befestigt.

Als die beiden weggehen, gibt Andreas L. vom Eingang her mit verstellter Stimme und italienischem Akzent noch Anweisungen, um bei dem verängstigten Gernot die Illusion an den Italiener wachzuhalten, dessen Befehle befolgt werden müssen.

Derart eingeschüchtert verbringt Gernot Egolf die erste Nacht allein und frierend in dem dunklen, feucht-kalten Loch in der Erde.

Ein Nervenkrieg beginnt

Am nächsten Tag, es ist Mittwoch, der 20. Oktober 1976, gegen 10:50 Uhr ruft Andreas L. bei Familie Egolf an. Um seine Stimme zu verstellen, hält er sich ein Taschentuch vor den Mund.

Mit der Frage: »Vermissen Sie nichts?«, beginnt das Telefongespräch, dem in den nächsten qualvollen Wochen 18 erfolglose Telefongespräche folgen werden.

Er erklärt dem schockierten Herrn Egolf, dass sein Sohn entführt sei und die Summe von zwei Millionen bis Montag, 25. Oktober 1976, bereitgestellt werden soll.

»Sie sind verrückt! Ich habe keine zwei Millionen«, entgegnet Gernots Vater.

»Gebündelt in kleinen Scheinen und keine Polizei«, verlangt der Anrufer noch.

Nach diesem Anruf macht Herr Egolf das einzig Richtige. Um 11:40 Uhr verständigt er die Kriminalpolizei Homburg und informiert diese, dass sein Sohn Gernot Opfer einer Entführung geworden ist.

Der Saarbrücker Kriminaloberrat Paul Nicolaus von der Kriminalinspektion VI wird mit der Leitung der Ermittlungen betraut. Zu seinem Stellvertreter wird Kriminalhauptkommissar Backes von der Kriminalpolizei Homburg ernannt. Die zuständigen Staatsanwälte sind Hans-Werner Wiesen und Dr. Hans-Joachim Huhn, der zwei Jahre zuvor auch im Wiederaufnahmeverfahren gegen Karl Klein und 1970 im Lebach-Fall die Anklage vertreten hat.

In der Villa wird eine Fangschaltung installiert, um die eingehenden Telefonate zurückzuverfolgen. Eine Maßnahme, die nicht zum Erfolg führen wird, denn die Anrufe gehen stets von öffentlichen Fernsprechern aus und sind für eine erfolgreiche Rückverfolgung viel zu kurz. Außer der Fangschaltung wird eine Mithöreinrichtung zum Kriminalkommissariat Homburg sowie ein Tonband zum Mitschneiden der Gespräche eingerichtet.

Das Anwesen der Familie Egolf wird observiert und ein Kontaktbeamter der Kripo ist ständig in der Villa präsent.

Gernots großer Bekannten- und Freundeskreis wird durchleuchtet und man versucht, das Geschehen am 19. Oktober 1976 zu rekapitulieren. Natürlich muss eine Ermittlung ergebnisoffen sein und alle Eventualitäten berücksichtigen. So erwägen die Ermittler auch die Möglichkeit, dass Gernot an seiner eigenen Entführung beteiligt sein könnte, denn angeblich wurde er, nachdem er bereits entführt war, noch gesehen. Diese, wie sich später herausstellt, falsche Annahme wird durch die fehlerhaften Aussagen der Bahnbeamten noch untermauert.

So wird von einem Schalterbeamten zuerst behauptet, Gernot habe die Fahrkarte nach Koblenz statt am 15. Oktober, vier Tage später, am 19. Oktober nach 16 Uhr (also nachdem er entführt worden ist) gekauft. Später wird der Bahnbeamte seine falsche Aussage richtigstellen.

Auch die Uhrzeit, zu der Gernot seinen Koffer am 19. Oktober am Bahnhof abgeholt hat, wird zuerst falsch, nämlich mit 18 Uhr angegeben (zwei Stunden nachdem er zu seinen Entführern ins Auto gestiegen ist). Dieser falschen Aussage liegt ein Versäumnis bei der Herausgabe des Koffers zugrunde. Der korrekte Zeitpunkt der Abholung, kurz nach 13:30 Uhr, wird nicht notiert. Der Beamte, der seinen Kollegen ablöst, bemerkt die fehlende Uhrzeit auf dem Formular und trägt der Einfachheit halber 18 Uhr ein.

Bei der ersten Besprechung, an der die Kripo, die Staatsanwaltschaft und Familie Egolf teilnehmen, wird auf Anraten der Polizei und der Staatsanwaltschaft vereinbart, die Öffentlichkeit nicht über die Entführung zu unterrichten und alle Ermittlungen im Geheimen durchzuführen.

Gernots Onkel, Dr. Paul Weber, vertritt von Anfang an einen konträren Standpunkt. Er würde eine offensivere Vorgehensweise befürworten und plädiert dafür, die Öffentlichkeit einzubeziehen, um mögliche Hinweise und Zeugenaussagen zu erhalten – auch auf die Gefahr hin, eventuelle Trittbrettfahrer zu ermutigen, aus dem Verbrechen ebenfalls Kapital zu schlagen.

Wäre alles anders gekommen, hätte man auf ihn gehört?

Während bei der Kriminalpolizei eine Sonderkommission zusammengestellt wird, fahren die Entführer wieder zu ihrem Gefangenen. Sie bringen eine zusätzliche Luftmatratze, einen Schlafsack, ein Schachspiel, einen Radiorecorder und weitere

Lebensmittel mit. Wie sie später zu Protokoll geben werden, wollen sie Gernot Egolf zu diesem Zeitpunkt die Gefangenschaft einigermaßen erträglich machen. Eine Behauptung, die wie eine armselige Entschuldigung klingt, angesichts dessen, was ihr Gefangener erdulden muss.

In dieser Nacht bleibt L. bei Gernot und übernachtet auch im Bunker. Gernot ist während dieser Zeit, auch während des Schlafens von seiner Kette befreit. Warum er keinen Fluchtversuch unternimmt, während sein Peiniger schläft, lässt sich vielleicht nur mit einer gewissen Ängstlichkeit erklären.

M. fährt unterdessen zu seiner neuen Freundin Ingrid S. nach Marburg und verbringt die Nacht dort.

Tags darauf, am Donnerstag, dem 21. Oktober 1976, fährt er wieder zurück ins Saarland.

Von unterwegs ruft er um 16:35 Uhr bei den Egolfs an. Herr Egolf erklärt nochmals, dass er nicht in der Lage ist, zwei Millionen Mark zu zahlen. Energisch gibt er dem Entführer seines Sohnes zu verstehen: »Da gibt es nichts zu überlegen. Sie müssen mit der Summe runter.«

Am Abend kommt er beim Bunker an, um seinen Komplizen abzuholen. Gemeinsam fahren sie zurück nach Homburg-Erbach.

Am Freitag, 22. Oktober 1976, fährt Joachim M. abends allein zu Gernot. Er bringt Brötchen, Schokolade und Milch mit. Außerdem hat er sich einen Trick ausgedacht, um zu testen, wie gefügig und verängstigt ihr Gefangener noch ist. Mit einer Taschenlampe leuchtet er in Gernots Augen, so dass es diesem unmöglich ist, zu erkennen, wer vor ihm steht. Mit verstellter Stimme fragt er ihn, wie er hierher gekommen sei. Gernot antwortet, dass man ihn entführt habe. Dann fragt M. wieder mit verstellter Stimme, von wem er entführt worden sei und Gernot antwortet, es seien maskierte Männer gewesen. Eine Antwort, die M. davon überzeugt, dass ihr Gefangener keine Gefahr für L. und ihn bedeutet.

Dieses Mal bleibt M. über Nacht bei Gernot. Bevor er ihn am nächsten Tag verlässt, kettet er ihn nicht mehr mit beiden Händen, sondern nur noch mit der linken Hand am Moniereisen fest.

Die nächsten zwei Tage bis zum 25. Oktober 1976 bleibt

Gernot allein in seinem Verlies. Obwohl er zu diesem Zeitpunkt noch mit Essen versorgt ist, nimmt er keine feste Nahrung mehr zu sich, sondern trinkt nur noch. Erste ernste Anzeichen einer körperlichen und seelischen Entkräftung.

Diesen 25. Oktober 1976 hat Andreas L. in seinem ersten Telefonat mit Herrn Egolf als Frist für die Geldübergabe angegeben, ohne jedoch die genaue Uhrzeit und den Ort zu nennen. Die beiden Entführer lassen diese Frist aus Unvermögen oder welchen Gründen auch immer, verstreichen.

Diesen Tatbestand nimmt Kriminaloberrat Nicolaus zum Anlass, einige personalaufwendige Maßnahmen aufzuheben. Es wird jedoch sichergestellt, dass sich alle eventuell benötigten Kräfte der Kriminalinspektion VI, zwei Züge der Bereitschaftspolizei, das Mobile Einsatzkommando (MEK) und das Sondereinsatzkommando (SEK), bereithalten.

Die beiden Entführer fahren, nicht wissend, welches Netz polizeilicher Maßnahmen schon über Homburg und Umgebung gespannt wurde, an diesem 25. Oktober wieder zu Gernot.

Sie geben ihm ein aufgeklapptes Kuvert, dessen Innenseite er beschreiben soll und diktieren ihm eine Botschaft an seine Eltern.

Dieser Brief enthält jetzt endlich exakte Anweisungen für die Geldübergabe:

Zeit: Mittwoch, 27. Oktober 1976, 18:30 Uhr.

Ort: Der Autoschalter vor der Kreissparkasse in Homburg, Talstraße 30.

Frau Egolf soll den Wagen der Familie vor dem Autoschalter der Kreissparkasse Homburg abstellen, dann ins Café Ecker in der Talstraße/Ecke Kirchenstraße gehen und sich dort eine Stunde aufhalten.

Der Wagen soll unverschlossen bleiben und die Tasche mit dem Lösegeld soll auf dem Rücksitz stehen.

Die Entführer gehen noch immer von einer Summe von zwei Millionen aus, die sie in kleinen Scheinen, keine laufenden Nummern und nicht registriert, haben wollen.

Den Brief werfen sie am selben Abend bei der Post neben

dem Homburger Bahnhof ein, denn dort befindet sich ein Briefkasten mit Nachtleerung.

Der Brief geht am 26. Oktober bei Egolfs ein.

Bei der kriminaltechnischen Untersuchung des Briefes werden später keine für einen Vergleich geeigneten Fingerabdruckspuren gefunden.

Da Herr Egolf aus diesem Schreiben nicht ersehen kann, ob sein Sohn tatsächlich zum jetzigen Zeitpunkt noch am Leben ist, entschließt er sich zu einer sehr gewagten Aktion. Er entschließt sich nämlich dazu, den Entführern lediglich 10 000 Mark zu überlassen sowie einen Brief beizulegen. In diesem beigelegten Brief soll stehen, dass eine noch zu vereinbarende Summe gezahlt werden wird, wenn er Gewissheit über das Leben seines Sohnes bekommt. Vorsorglich hält er 200 000 Mark bereit.

Fraglos ist die Geldübergabe aus Entführersicht der heikelste Moment der Entführung. Entführer sind bekannterweise sehr erleichtert, wenn die Geldübergabe aus ihrer Sicht erfolgreich absolviert und es zu keinem polizeilichen Zugriff gekommen ist. Stellen sie jedoch nach der Geldübergabe fest, dass statt der vereinbarten Summe nur ein relativ kleiner Betrag übergeben wurde, kann das sehr unangenehme Folgen für das Opfer haben, das sich ja immer noch in ihren Händen befindet.

Für die Geldübergabe werden von der Einsatzleitung verschiedene Vorkehrungen getroffen:

- Es werden 17 Standposten in Zivil zur Verfolgung oder Ergreifung der Täter eingesetzt sowie für die fließende Observation sieben Zivilfahrzeuge an prägnanten Ausfallstraßen.
- Da es möglich ist, dass die Entführer mit dem Mercedes der Egolfs fliehen, wird ein Peilsender an der Unterseite des Wagens angebracht.
- Die Beleuchtung wird verändert, um den Wagen bei Dunkelheit besser ausmachen und verfolgen zu können.
- Es wird eine geringe Menge Benzin in den Tank gefüllt, jedoch die Tankanzeige so manipuliert, dass es den Entführern nicht auffällt.
- Frau Egolf wird ein Kleinsender für die Tasche ausgehän-

digt, damit sie umgehend die Einsatzleitung informieren kann, falls die Entführer im Café Ecker anrufen und ihr neue Instruktionen erteilen.
- Es wird Anweisung gegeben, in Homburg für die Zeit der Operation, außer im äußersten Notfall, kein Martinshorn der Feuerwehr oder der Polizei zu benutzen, um die Entführer nicht zu irritieren bzw. glauben zu machen, sie würden verfolgt.
- Um eine reibungslose Kommunikation der Einsatzkräfte sicherzustellen, wird Funkstille für alle nicht am Einsatz beteiligen Polizeikräfte angeordnet.
- Die Villa der Egolfs in der Lagerstraße wird überwacht.

Die Einsatzleitung bezieht um 17 Uhr als Befehlsstelle einen Nebenraum im Karatezentrum Hirschberger, das gegenüber der Kreissparkasse und damit strategisch günstig liegt.

Die Homburger Bürger bemerken nichts von dem Großaufgebot an Polizeikräften, das sich über die gesamte Innenstadt verteilt hat und in höchster Bereitschaft ist. Rein äußerlich ist an diesem Nachmittag alles wie immer in Homburg und die Passanten, die gerade auf der Straße unterwegs sind, ahnen nicht, dass es von einer Sekunde zur anderen zu einer Verfolgungsjagd oder gar zu einer Schießerei in der City kommen könnte.

Die Einsatzleitung hat unbemerkt von der Öffentlichkeit die 17 Standposten in der Innenstadt wie folgt verteilt:

- Bei der Kreissparkasse
- Auf dem Freigelände neben dem Kaufhaus Prisunic
- Hildebrandstraße/Ulandstraße
- Gerberstraße/Kaiserstraße
- Kaiserstraße/Goethestraße
- Am Gesundheitsamt
- Kaiserstraße/Karlstraße
- Berufsschule/Karlstraße
- Schillerstraße/Goethestraße
- Poststraße/Eisenbahnstraße
- Eisenbahnstraße/Talstraße
- St.-Michaelstraße
- Gerberstraße

- PKK Saarbrücker Straße/Talstraße
- Gerberstraße/Saarbrücker Straße
- Kirchenstraße
- Marktplatz

Die Zivilfahrzeuge, die die Ausfallstraßen bewachen sollen, stehen:

- St.-Michaelstraße/Einmündung Talstraße
- Kreuzung Saarbrücker Straße/Bexbacher Straße
- Kreuzung Talstraße/Eisenbahnstraße
- Kreuzung Eisenbahnstraße/Kanalstraße
- Kreuzung Bexbacher Straße/Kaiserstraße
- Marktplatz
- Kreuzung Entenweiherstraße/Zweibrücker Straße

Um 18:25 Uhr trifft Liesel Egolf vor der Kreissparkasse ein. Ihr Gesundheitszustand und ihre momentane Verfassung erlauben es jedoch nicht, dass sie alleine kommt, wie es die Entführer verlangt haben. Auch saß sie seit Jahren nicht mehr hinter dem Steuer eines PKW.

Ihr Mann Karl-Simon begleitet sie daher und fährt den Mercedes. Er parkt, wie von den Entführern verlangt, vor dem Autoschalter der Kreissparkasse. Auf dem Rücksitz steht die Geldtasche.

Die beiden steigen aus und lassen den Wagen unverschlossen zurück.

Sie gehen ins Café Ecker, das sich etwa hundert Meter weiter weg auf der anderen Straßenseite befindet.

Die Anweisungen der Entführer sehen weiter vor, dass Egolfs sich eine Stunde in dem Café aufhalten sollen. Sie können aber nur bis 19 Uhr bleiben, da das Café Ecker um diese Zeit schließt. Deshalb bleiben Gernots Eltern noch bis 19:30 Uhr auf der Straße stehen. Aber nichts passiert. Der Mercedes der Egolfs steht noch immer unangetastet am Autoschalter der Kreissparkasse und Kriminaloberrat Nicolaus gibt schließlich den Befehl, die Operation abzubrechen.

Herr und Frau Egolf werden unter Polizeiaufsicht nach Hause

begleitet. Die bereitgehaltenen 200 000 Mark werden auf das Konto zurücküberwiesen.

Was die Polizei und das Ehepaar Egolf nicht wissen konnten, die Entführer hatten gar nicht die Absicht, das Geld an diesem Tag an sich zu nehmen. Die ganze Aktion diente lediglich dazu, zu testen, ob die Polizei eingeschaltet wurde.

Joachim M. fährt deshalb gegen 19:30 Uhr durch die Talstraße am Café Ecker und der Kreissparkasse vorbei und glaubt an einem Fenster einen Polizisten zu sehen. Die Polizei hält später in den Ermittlungsakten fest, dass an dem Fenster, an dem er einen Polizisten gesehen haben will, keiner postiert war. Es ist vielmehr so, dass das Duo jetzt schon völlig überfordert ist und überall mit Polizeipräsenz rechnet.

M. fährt wieder zur Bunkerruine und zwingt den schon merklich durch die Kälte und die mangelnde Ernährung entkräfteten Gernot, einen zweiten Brief an seine Eltern zu schreiben. Als Schriftträger dient wieder ein aufgeklapptes Kuvert.

Dieser Brief wird in einen Briefkasten in Herschweiler-Pettersheim, im Landkreis Kusel, eingeworfen und bezieht sich auf die Aktion vor der Homburger Kreissparkasse. Es können wieder keine verwertbaren Fingerabdrücke gefunden werden.

Wortwörtlich steht in diesem zweiten Brief, der am 30. Oktober 1976 bei Egolfs eingeht:

> »Letzte Warnung!
> Wenn Ihr Euren Sohn nochmals sehen wollt, dann in Zukunft das tun, was verlangt wird. Die Polizei schicken wo sie hergekommen ist. Wenn das nächste Mal nur 1 Stück von einem Polizisten gesehen wird, hören wir nichts mehr von uns und nichts mehr von Ihrem Sohn. Das nächste Mal erscheinen Sie Frau Egolf mit Ihrem Wagen ganz allein und genau so, wie wir es von Ihnen verlangen, wir können es uns nicht leisten noch länger Katz und Maus zu spielen. Entweder Sie spuren jetzt oder es ist aus. Sie hören bald von uns.
> Im Auftrag Gernot
> PS: Bitte helft mir bitte sie meinen es ernst«

Auf Grund dieses Briefes rechnen die Polizei und das Ehepaar Egolf mit einer baldigen Kontaktaufnahme zum Zwecke der Geldübergabe.

Herr Egolf entschließt sich, den Betrag von 115 000 Mark einzusetzen. Je nach Situation erwägt er zwei Möglichkeiten:

1. Er übergibt das gesamte Geld in Höhe von 115 000 Mark und hofft, dass sein Sohn frei kommt. In diesem Fall soll die Polizei nicht in Erscheinung treten.

2. Es soll wieder analog zu der Aktion vor der Kreissparkasse ein Polizeieinsatz erfolgen, wobei ein Betrag von 10 000 Mark eingesetzt wird.

In den nächsten Tagen gehen noch weitere Anrufe bei Familie Egolf ein, bei denen gedroht und auf eine letzte Chance verwiesen wird, die aber zu keinem brauchbaren Resultat führen. Was zum Teil auch daran liegt, dass die Entführer immer versuchen, ihre Stimmen zu verstellen und Herr Egolf einige Mühe hat, sie rein akustisch zu verstehen. Was diesen in seiner Verzweiflung auch zu der einen oder anderen unbedachten Äußerung verleitet.

Am 3. November 1976 erfolgt ein weiterer Anruf. Die Entführer verlangen, dass Egolfs die ganze kommende Nacht am Telefon bleiben. Der nächste Anruf erfolgt jedoch nicht in dieser Nacht, sondern erst am nächsten Tag gegen Abend.

Bei diesem Anruf werden Egolfs auf einen weiteren Anruf um 2 Uhr verwiesen und es wird damit gedroht, als Beweis, dass Gernot noch am Leben ist, einen Finger oder ein Ohr von ihm zu schicken.

Inspiriert zu dieser grausamen Ansage hat die beiden sicher die 1973 in Rom stattgefundene Entführung von Paul Getty III., dem von seinen Entführern ein Ohr abgeschnitten wurde.

Egolfs fühlen sich dem Druck nicht mehr gewachsen und engagieren den Saarbrücker Rechtsanwalt Dr. Egon Müller als Beistand.

Dr. Egon Müller regt in einem Gespräch mit Kriminaloberrat Nicolaus, Oberstaatsanwalt Dr. Huhn und Staatsanwalt Müllenbach an, dass die weiteren Verhandlungen nicht mehr von dem herzkranken Herrn Egolf geführt werden, sondern dass eine geeignete Person als Verhandlungspartner an seine Stelle tritt. Die beiden Staatsanwälte und der Kriminaloberrat stimmen Rechtsanwalt Dr. Müller zu. Man erhofft sich damit auch eine Versachlichung der Verhandlungen. Als Verhandlungspartner bietet sich der Homburger Dekan Siegfried Wagner an.

Am Freitag, dem 5. November 1976, nachts um 1:25 Uhr erfolgt wieder ein zermürbender Anruf bei Egolfs, in dem lediglich angekündigt wird, dass um 2:30 Uhr ein weiterer Anruf erfolgen wird, bei dem dann endgültig mitgeteilt werden soll, wann und wo die nächste Geldübergabe stattfinden soll.

Bei diesem Anruf wird von beiden Beteiligten heftig durcheinander geredet und schließlich ist Herr Egolf dermaßen außer sich, dass er das Gespräch mit dem Wort »Arschloch!« beendet.

Fünf Minuten später kommt ein weiterer Anruf, der sachlicher verläuft. Herr Egolf erhält dieses Mal konkrete Anweisungen:

Die nächste Geldübergabe soll um 3 Uhr in derselben Nacht in Erbach erfolgen und zwar, wenn ein weiterer Anruf mit der Aufforderung ›sofort losfahren‹ erfolgt.

Nach dieser Aufforderung sollen die Egolfs Richtung Jägersburg fahren. In Erbach, 50 Meter vor der Kreuzung Dürerstraße/Berliner Straße, sollen sie rechts in die Buschstraße einbiegen und auf dieser weiterfahren, bis sie auf einem Feldweg ankommen. Dort liegt als Markierung eine weiße Plastiktüte, auf die die Tasche mit dem Geld gestellt werden soll. Wenn das Geld dort abgestellt ist, sollen Egolfs 100 Meter auf dem Feldweg weiterfahren und eine Stunde warten, bis sie sich auf den Heimweg machen können.

Herr Egolf beschließt jetzt die gesamte Summe von 115 000 Mark sowie die präparierten 10 000 Mark in den Koffer zu legen und stimmt zu, dass die Polizei das Gelände, ähnlich wie bei der gescheiterten Geldübergabe vor der Kreissparkasse, überwacht.

Den Einsatzkräften bleibt weniger als eine halbe Stunde Zeit, um mitten in der Nacht auf die neue Situation und Örtlichkeit in Erbach zu reagieren, aber sie versuchen alles, was in ihrer Macht steht.

Im Wagen der Egolfs werden zwei Polizeibeamte des SEK versteckt.

Weitere Einsatzkräfte werden zu den Zufahrtsstraßen in und nach Erbach beordert.

Auf dem unbebauten Gelände, das die Entführer für die

Geldübergabe ausgesucht haben, und in dem Bachgraben des Erbachs, der dem Ort den Namen gegeben hat und der parallel zu dem Feldweg verläuft, werden acht Polizeibeamte mit Nachtsichtgeräten platziert.

Egolfs halten sich genau an die Anweisungen. Sie fahren in den Homburger Stadtteil Erbach, der nur durch eine Bahnbrücke von der Stadt Homburg getrennt ist. Dort fahren sie die Dürerstraße entlang und biegen rechts ab in die Buschstraße. Sie fahren auf dem unbeleuchteten Feldweg, bis der Kegel der Autoscheinwerfer die weiße Plastiktüte erfasst. Herr Egolf steigt aus und stellt die Geldtasche auf die Markierung. Dann steigt er wieder in seinen Wagen, fährt 100 Meter weiter und wartet – umsonst. Nach einer Stunde, es ist jetzt 4:15 Uhr nimmt Herr Egolf die Tasche wieder an sich und fährt mit seiner Frau nach Hause.

Was lief schief oder war auch diese Geldübergabe wieder nur ein Test der Entführer?

Joachim M. und Andreas L. knobeln mit Streichhölzern, wer anrufen und wer das Geld in Erbach holen soll. Sie sind fest entschlossen, dieses Mal an das Geld zu kommen. Und jetzt kommt noch Pech zum bereits vorhandenen Nachteil der Kriminalpolizei. Zu dem Zeitpunkt, als L. bei den Egolfs anruft und die Anweisung gibt, loszufahren, ist M. schon auf dem ausgewählten Gelände und versteckt sich in einem der Gräben. So kann er die eilig durchgeführten Maßnahmen der Polizei beobachten. Letztendlich gelingt es ihm auch noch, trotz Überwachung der Polizei mit Nachtsichtgeräten, unbemerkt von dem Gelände zu verschwinden.

Die Geldübergabe scheitert, und damit erlischt erneut die Hoffnung auf ein baldiges Ende der Entführung und die Heimkehr Gernots.

Kein Ausweg

Am 5. November 1976, dem Tag der zweiten gescheiterten Geldübergabe, wird an den telefonischen Anschluss im Haus Egolf ein Anrufbeantworter angeschlossen. Darauf wird mitgeteilt, dass der Teilnehmer nicht zu erreichen sei und man in dringenden Fällen die Telefonnummer des Dekans Siegfried Wagner anrufen soll.

Der Anschluss in Dekan Wagners Wohnung wird mit einer Fangschaltung und einem Tonbandgerät verbunden.

Als Joachim M. danach wieder bei Egolfs anruft und nur den Anrufbeantworter hört, vermutet er eine Maßnahme der Polizei, die beide nicht einzuschätzen wissen. Erst Ende November werden sie den Mut fassen, bei Dekan Wagner anzurufen.

Am Abend des 5. November bekommt Joachim M. übers Wochenende Besuch von seiner Freundin Ingrid S. aus Marburg. Sie lernt Andreas L. kennen und erfährt hier zum ersten Mal, dass ihr Geliebter nicht der uneheliche Sohn eines saarländischen Brauereibesitzers ist, sondern der Entführer des Neffen eines saarländischen Brauereibesitzers. Doch dieser Unterschied stört sie nicht weiter. Sie beschließt, den Mund zu halten und gibt sogar Tipps für eine erfolgreiche Geldübergabe.

Tagelang haben sich die Entführer nicht mehr um Gernot Egolf gekümmert. Erst am 8. November 1976 fahren sie gemeinsam zu ihm. Er befindet sich in einem sehr schlechten körperlichen Zustand. Da es in der Zwischenzeit in den Bunker hineingeregnet hat, muss er auf einer nassen Matratze liegen. Es ist eiskalt. In seiner hoffnungslosen Situation bettelt er darum, freigelassen zu werden, aber das kommt für die beiden Entführer nicht in Frage. Obwohl ihnen die ganze Aktion längst über den Kopf gewachsen ist, wollen sie unbedingt weitermachen, auch wenn sie keine Ahnung haben, was ihr nächster Schritt sein soll.

Zunächst diktieren sie dem von der Gefangenschaft inzwischen völlig entkräfteten und traumatisierten Gernot Egolf noch einen dritten Brief, der sich auf die zweite gescheiterte Geldübergabe in Erbach bezieht. Wieder wird ein aufgeklapptes Kuvert als Schriftträger benutzt. Der Brief beginnt mit den Worten: »Liebe Mutter, warum lässt mich Vater so hängen?« und in dem Brief ist auch ein Bezug zu der verpatzten Nacht in Erbach zu erkennen, und zwar an dem Satz: »Die Kapuzenmänner und die Kriminalpolizisten in dem Bachgraben hättest Du besser zu Hause gelassen.«

Andreas L. wird später aussagen, dass er an diesem Tag Gernot Egolf zum letzten Mal lebend gesehen hat.

Joachim M. traut sich zwei Tage lang nicht, den Brief einzuwerfen und versteckt ihn unter dem Sitzfell seines Peugeots.

Der Brief wird am 11. November 1976, also vier Tage nachdem er geschrieben wurde, in Bexbach abgestempelt. Auch hier kann die Spurensicherung keine verwertbaren Fingerabdrücke finden.

In Homburg hat sich in der Zwischenzeit Prof. Dr. Witter vom Institut für gerichtliche Psychologie und Psychiatrie, der 1970 beim Lebach-Prozess als Gutachter bestellt war, mit der Entführung befasst. Bei einer Besprechung mit der Kriminalpolizei, Staatsanwaltschaft und den Egolfs äußert Dr. Witter die Vermutung, dass die Täter ihr Opfer und seine Eignung gekannt haben müssen. Das heißt, dass die Entführer im Freundes- bzw. Bekanntenkreis gesucht werden müssten. (Eine Einschätzung, von der die Ermittler schon seit Beginn der Entführung ausgehen.) Ferner rät der Professor, abzuwarten und auf eine Reaktion der Täter zu warten.

Prof. Dr. Witters Mitarbeiterin Frau Schneider-Jonietz begutachtet die drei Briefe. Sie stellt fest, dass alle drei Briefe tatsächlich von Gernot Egolf geschrieben wurden. Sie findet jedoch keinen Anhaltspunkt, dass sich Gernot Egolf während des Schreibens in einer existenziellen Notlage befunden habe. Bei dem letzten Brief erkennt sie, dass dieser nicht in einem Zug geschrieben wurde und glaubt, eine Enthemmung durch Alkohol oder Drogen darin zu erkennen. Tatsächlich werden später Joachim M. und Andreas L. bei den Vernehmungen erklären, dass die Mine des Kugelschreibers leer war und Gernot mit einem anderen Kugelschreiber weiterschreiben musste.

Konkrete Maßnahmen ergreift schließlich Gernots Onkel, Dr. Paul Weber. Am 15. November 1976 engagiert er ein Detektivbüro aus Saarbrücken, dessen Mitarbeiter von ihm benannte Personen, die seiner Meinung nach eventuell als Täter in Frage kommen könnten, durchleuchten sollen. Die Arbeit der Privatdetektive führt zu keinem Erfolg.

In der letzten Novemberwoche fahren die Entführer wieder zum Bunker, in den jetzt immer wieder Regenwasser dringt. Aber nur M. geht hinein. L. wartet im Auto. Wegen einer Verletzung am Handgelenk, die er sich bei einem Selbstmordversuch drei Tage zuvor zugezogen hat, kann er nicht mitgehen. Joachim M. findet den entkräfteten Gernot trotz der im Bunker herrschenden Eiseskälte und der Tatsache, dass er zum Teil im Wasser liegt, fast nackt vor. Ein Teil seiner Kleidung hängt am linken Arm, da er sie wegen der Kette nicht abstreifen kann.

Weswegen hat sich Gernot trotz der eisigen Kälte ausgezogen? Dieses Paradox nennt man in der rechtsmedizinischen Fachsprache Kälteidiotie. Bei starker Unterkühlung ziehen sich die Gefäße in den Extremitäten stark zusammen. Aus diesem Grund treten Erfrierungen auch zuerst an Händen, Füßen oder der Nase auf. Der Körper versucht sich zu schützen, in dem er das Blut zuerst zu den lebenswichtigen Organen transportiert. Kurz vor dem Tod weiten sich die Gefäße in den unterkühlten Extremitäten wieder und das Blut schießt zurück. Dadurch wird dem Erfrierenden so heiß, dass er sogar zu schwitzen beginnt. Wenn die so genannte Kälteidiotie eintritt, ist die Körpertemperatur bereits unter 32° Celsius gesunken (die normale Körpertemperatur eines Menschen liegt zwischen 36,3° bis 37,4° Celsius). Ein Mensch in diesem Stadium steht kurz vor dem Erfierungstod und kann sich nicht mehr selbst helfen.

Auch wenn Joachim M. keine medizinischen Kenntnisse besitzt, müsste er in diesem Augenblick doch erkannt haben, wie schlecht es Gernot Egolf geht. Aber anstatt professionelle Hilfe zu holen und dem Gefangenen die Freiheit zu schenken, löst er nur die Kette an dem aufgeschürften Handgelenk und legt sie an Gernots Fuß an. Dann verlässt er den Sterbenden.

Die nächsten Tage verbringt er wieder bei Ingrid S. in Marburg. Er erzählt ihr, dass Gernot sich entkleidet habe und nichts mehr esse. Er folgert daraus, dass Gernot sich krank stellt.

Ingrid S. bittet ihn darum, den Gefangenen doch laufen zu lassen.

»Kindchen, wie stellst Du Dir das vor?«, erwidert er.

Noch von Marburg aus ruft er am 24. November die Nummer des Dekans Siegfried Wagner an, der als Verhandlungspartner zwischengeschaltet wurde. Aber dieser nimmt anderweitige Verpflichtungen wahr, die ihm offenbar wichtiger sind. Er befindet sich vom 21. bis zum 26. November 1976 auf einer Synode in Speyer, wo über den Etat der Landeskirche für die kommenden zwei Jahre verhandelt wird. So erreicht der Entführer nur die Frau des Dekans, die ihm vorschlägt, es später noch einmal zu versuchen. Als er den Dekan später erreicht, ist dieser nicht ganz bei der Sache und stellt ihm die Frage, in welcher Angelegenheit er denn anrufe. Joachim M. erteilt keine konkreten Anweisungen, sondern gibt zu verstehen, dass sich Herr Egolf mit dem Geld bereithalten soll. Außerdem wünscht er, wieder mit Herrn Egolf direkt sprechen zu können.

Fünf Wochen sind seit der Entführung vergangen. Auch wenn alle Aktionen unter Ausschluss der Öffentlichkeit stattfinden, sickert immer etwas durch und es wird schon seit Mitte November gemunkelt, dass es in Homburg eine Entführung gegeben hat. Deswegen und vor allem, weil die Entführung schon viel zu lange läuft, alles vollkommen verfahren und aus dem Ruder gelaufen ist, entschließen sich die Familie Egolf sowie Polizei und Staatsanwaltschaft, endlich an die Öffentlichkeit zu gehen.

Die Pressekonferenz ist für den 21. November geplant, aber da Egolfs auf die Anwesenheit des Dekans Wert legen, vergehen nochmals fünf Tage, bis dieser wieder in Homburg ist und die Öffentlichkeit endlich informiert werden kann.

Am 26. November, um 13 Uhr findet die offizielle Pressekonferenz statt, bei der unter anderem Fotos von Gernot Egolf gezeigt und an die Medienvertreter verteilt sowie Passagen aus den Telefonaten vorgespielt, die über Rundfunk und Fernsehen ausgestrahlt werden.

Tags darauf steht in der Saarbrücker Zeitung:

> »Mysteriöser Entführungsfall in Homburg.
> 32-jähriger seit Wochen verschwunden.
> Der 32-jährige technische Angestellte Gernot Eckart Egolf aus Homburg befindet sich vermutlich seit dem 19. Oktober

in den Händen von noch unbekannten Erpressern. Auf den Telefonanruf eines Unbekannten hin hatte er am Nachmittag dieses Tages seinen Arbeitsplatz bei der Karlsberg-Brauerei in Homburg verlassen. Seit dem 11. November haben sich die Erpresser, die in der Zwischenzeit mit 14 Telefonanrufen und drei Briefen ihres Opfers Verbindung mit den Eltern von Gernot Egolf hielten, nicht mehr gemeldet...
Von Kriminalpolizei und Staatsanwaltschaft wurden bei der Pressekonferenz, an der auch ein Rechtsanwalt der Familie Egolf teilnahm, so gut wie keine Fragen beantwortet. Man will verhindern, dass sich Folgeerpressungen ergeben, wenn bisher Unbeteiligte konkrete Informationen über den Ermittlungsstand erfahren. Wie Hans Wiesen erklärte, wurde der Fall fünf Wochen lang verschwiegen, da man weder die Ermittlungen noch die Gesundheit der Eltern gefährden wollte...
Zur Vermittlung zwischen den Erpressern und der Familie Egolf war kurz nach der vermutlichen Entführung der Homburger Dekan Siegfried Wagner eingeschaltet worden. Er hatte inzwischen mehrere telefonische Kontakte mit den Tätern. Vor der Presse bekundete er erneut seine Bereitschaft zu Verhandlungen, um endlich ›über die Modalitäten der Freilassung‹ zu sprechen...«

In den Tagen danach gehen 108 Mitteilungen ein, die zu keinem Resultat führen.

Aber auch Trittbrettfahrer, die jetzt durch die Medien informiert sind, versuchen ihr Glück. Personen mit angeblich übersinnlichen Fähigkeiten wollen der Familie Egolf bei der Suche nach ihrem Sohn helfen – natürlich gegen entsprechendes Honorar.

Bei der Zentrale der Karlsberg-Brauerei geht der Anruf eines Unbekannten ein, der mit einem fremdländischen Akzent zu sprechen versucht, aber damit schon völlig überfordert ist. Während er mit der Telefonistin spricht, wechselt er immer wieder zwischen einem französischen und italienischen Akzent hin und her. Der unbekannte Anrufer verlangt die Summe von 1,5 Millionen Mark und verspricht, nach Erhalt des Geldes, Gernots Freilassung.

In der Bunkerruine lassen sich beide Täter in diesen Tagen nicht mehr blicken. Das Schicksal ihres Gefangenen ist ihnen egal – mehr noch, sie erwarten, dass er stirbt. Denn freilassen können und wollen sie ihn nicht – diese Entscheidung haben sie schon vier Wochen vorher in der Homburger Bahnhofswirtschaft getroffen.

Über den Zeitpunkt, wann Joachim M. Gernots Leiche findet, gibt es von den beiden Tätern unterschiedliche Versionen. Wahrscheinlich zwischen dem 27. November und dem 3. Dezember fährt er wieder zu der Bunkerruine und findet Gernot – erfroren.

Im rechtsmedizinischen Gutachten, das Prof. Dr. Wagner vom Homburger Institut für Rechtsmedizin nach der Obduktion von Gernots Leichnam am 9. Dezember verfasst, steht, dass der Tod um den 28. November 1976 herum eingetreten sein muss. Die Todesursache ist Unterkühlung. Gernot verlor im Laufe seines Martyriums 15 Kilogramm an Gewicht.

Joachim M. fährt wieder für ein paar Tage zu Ingrid S. nach Marburg. Die beiden streiten sich in dieser Zeit häufig und S. fühlt sich von ihm bedroht. Sie weiß nicht, wie sie aus der verfahrenen Angelegenheit, die offenbar auch nicht zu dem erhofften Lösegeld führt, wieder herauskommen soll. Da sie zudem inzwischen wohl gemerkt hat, dass die Verbindung mit Joachim M. nur in einer Sackgasse enden kann, beginnt sie noch während sie mit ihm zusammen ist, eine weitere Beziehung mit einem anderen Mann. Diesem neuen Mann erzählt sie nun von der Entführung im saarländischen Homburg und nennt ihm auch die Namen der Entführer.

Unterdessen, es ist jetzt der 6. Dezember 1976, gibt es in Homburg wieder eine Besprechung der Staatsanwälte Wiesen, Dr. Huhn, Noss, Müllenbach, Egolfs Rechtsbeistand Dr. Müller, dem Kriminalhauptkommissar Backes, dem Kriminaloberrat Nicolaus und dem Ehepaar Egolf.

Für sachdienliche Hinweise zum Verbleib ihres Sohnes wollen Egolfs nun 50 000 Mark Belohnung bereitstellen. Dekan Siegfried Wagner steht wieder als Verhandlungspartner zur Verfügung.

An diesem 6. Dezember geht auch der neue Freund von Ingrid S. zur Kriminalpolizei in Marburg und teilt ihr mit, dass Joachim M. und Andreas L. die Entführer von Gernot Egolf aus dem saarländischen Homburg sind. Die Marburger verständigen daraufhin die Homburger Kollegen. Im Verlauf des kommenden Tages werden von der Homburger Kriminalpolizei immer mehr Einzelheiten in Erfahrung gebracht.

Nachdem Ingrid S. die Belohnung von 50 000 Mark in Aussicht gestellt wird, ist auch sie bereit, zusammen mit ihrem neuen Freund ins Saarland zu kommen.

Während sich das Netz um sie immer weiter zuzieht, fahren die Entführer ein letztes Mal zu dem Bunker, in dem der tote Gernot Egolf liegt. Sie verscharren seine Leiche an Ort und Stelle. Seine Habseligkeiten nehmen sie mit und werfen sie bei St. Wendel in die Blies.

Obwohl inzwischen bekannt ist, wer die Täter sind und wo sie wohnen, vergeht ein weiterer Tag. Dann endlich in den Morgenstunden des 8. Dezember 1976 werden sie in Homburg-Erbach festgenommen.

Die Vernehmungen beginnen. Das Wichtigste ist jetzt, etwas über den Zustand und den Verbleib des vermissten Gernot Egolf zu erfahren. Die Verdächtigen halten sich jedoch zunächst mit ihren Angaben zurück, was bei der Gegenseite die Befürchtung auslöst, dass Gernot nicht mehr am Leben ist.

Nach einer Gegenüberstellung mit der als Zeugin vernommenen Ingrid S. gesteht Andreas L. schließlich, dass Gernots Leiche in einem Westwallbunker im Nordsaarland zu finden sei.

Joachim M. hält Rücksprache mit seinem Rechtsanwalt Dr. Elmar Müller. Dann ist auch er bereit auszusagen.

Andreas L. führt die Kriminalbeamten zu dem gesprengten Westwallbunker. Noch in der Nacht wird der Zugang zum Bunker freigelegt, das Wasser herausgepumpt und die Leiche gefunden.

Gernots Leichnam liegt im hinteren Teil des Bunkers und ist mit Erde, Schlamm und Betonbrocken bedeckt. Sie wird im Beisein des Rechtsmediziners Prof. Dr. Wagner freigelegt. Gernot ist bis auf ein Trikot-Unterhemd entkleidet.

Am 9. Dezember 1976 erfolgt die Obduktion, bei der Tod durch Unterkühlung festgestellt wird.

Kriminalpolizei befürchtet: Entführter Gernot Egolf ist tot

tom./fh. Homburg, 8. Dez. (Eig. Ber.)

Der 32jährige technische Angestellte Gernot Egolf aus Homburg, der am 19. Oktober entführt wurde, ist vermutlich tot. Zwei Männer aus Homburg im Alter von 21 und 22 Jahren wurden am Mittwochvormittag unter dem dringenden Verdacht, die Entführung von Egolf und die folgenden Erpressungsversuche begangen zu haben, festgenommen.

Wie Leitender Oberstaatsanwalt Hans Wiesen gegenüber der SAARBRÜCKER ZEITUNG erklärte, haben im Verlauf der ersten Vernehmungen die beiden Tatverdächtigen gestanden, in die Angelegenheit verwickelt zu sein. Nach ihren Angaben soll Gernot Egolf tot und in einem Bunker in der Nähe von Birkenfeld begraben sein.

Die beiden jungen Männer aus Homburg wollen zwar für den Tod ihres Opfers nicht verantwortlich sein, gaben ... daß sie den Toten in diesem ... haben. Ob die zwei ... Egolfs ge- ... ten die Kriminalbeamten nicht in den Bunker vordringen. Sie versuchten den in einem schwierigen Gelände verschütteten Haupteingang freizulegen. Die Täter hatten einen Notausgang benutzt, den sie aber zuletzt ebenfalls unzugänglich machten.

Die entscheidenden Hinweise auf die beiden mutmaßlichen Entführer von Gernot Egolf kamen von einer jungen Frau. Seit von den Eltern des Opfers 50 000 DM Belohnung für Hinweise ausgesetzt waren, häuften sich die Mittei- lungen aus der Öffentlichkeit. Insgesam- gingen über hundert Hinweise aus de- Bevölkerung ein.

Gernot Egolf, der mit den Besitzer- der Karlsberg-Brauerei KG Weber ... Homburg verwandt ist, wurde – w- berichtet – durch einen Anruf am ... Oktober von seiner Arbeitsstelle ... lockt. Er wurde zuletzt gesehen, als ... am Hauptbahnhof Homburg eine Fa- karte nach Koblenz kaufte. In den ... genden Wochen meldeten sich die E- führer 15mal telefonisch und stell- ...forderungen zwischen 500 ... DM.

Entführer ließen Egolf in Westwallbunker erfrieren

tom. Homburg, 9. Dez. (Eig. Ber.)

Mit einer 1,50 Meter langen, daumendicken Kuhkette an die Wand eines gesprengten Westwallbunkers im Raum Eisen (Kreis St. Wendel) gefesselt, ist der 32jährige technische Angestellte Gernot Egolf aus Homburg an Unterkühlung gestorben. Dies ergab noch vor der Autopsie das erste gerichtsmedizinische Gutachten über den Tod von Egolf, der am 19. Oktober von dem 21jährigen Waldfacharbeiter Joachim Müller und dem 22jährigen Heizungsmonteur Andreas Leiner aus Homburg-Erbach entführt worden war und dessen Leiche in der Nacht zum Donnerstag gefunden wurde.

... der Karlsberg-Brauerei verwandt ist. Leiner kannte Egolf und dessen Freundeskreis. Unter der Angabe des Namens eines der Freunde ihres Opfers konnten sie Egolf von der Arbeitsstelle in ein Auto locken. Noch am gleichen Tag fuhren sie ihr Opfer zu dem gesprengten Westwallbunker.

Die beiden Entführer gaben an, sie hätten ihr Opfer zwar nur alle drei bis vier Tage besucht, aber ausreichend mit Getränken und Lebensmitteln versorgt. Über den Zeitpunkt des Todes von Gernot Egolf gibt es noch keine Anhaltspunkte.

Blick in die Welt

294 – Freitag, 10. Dezember 1976

Gernot Egolf lag auf einer Matratze im feuchten Westwallbunker

Qualvoller Tod des Entführten an einer 1,50 Meter langen Eisenkette

Kidnapper wollten mit Lösegeld ihre hohen Schulden bezahlen

Saarbrücken, Eig. Bericht

Der 32jährige Gernot Egolf, der am 19. Oktober von dem 21jährigen Waldfacharbeiter Joachim Müller und dem 22jährigen Heizungsmonteur Andreas Leiner aus Homburg-Erbach entführt und in einem gesprengten Westwallbunker bei Eisen (Kreis St. Wendel) gefangengehalten wurde, ist nach den ersten gerichtsmedizinischen Untersuchungen an Unterkühlung gestorben. Er lag nur mit einem bis zum Hals hochgerollten Unterhemd bekleidet auf einer Matratze. Bis zu seinem Tod – der genaue Zeitpunkt konnte bisher noch nicht festgestellt werden – verlor der Entführte 15 Kilogramm an Körpergewicht.

Gernot Egolf wurde von seinen Entführern über Wochen in dem gesprengten Bunker fast wie ein Tier gehalten. Er hielt sich in einem sechs mal fünf Meter großen, nur 1,50 Meter hohen Raum auf, der teilweise zwischen 50 und 70 Zentimeter unter Wasser stand. Während der gesamten Zeit war Egolfs linker Fuß von einer daumendicken, 1,50 Meter langen Kuhkette, die an der Wand befestigt war, umschlossen. Er konnte sich kaum von der auf dem Boden liegenden Matratze erheben und hatte nur geringe Bewegungsmöglichkeiten.

Andreas Leiner und Joachim Müller waren am Mittwochmorgen gegen 6 Uhr in ihren Wohnungen von Beamten der Kriminalpolizei und einem Spezialkommando der Schutzpolizei verhaftet worden. Die beiden Entführer wohnen nur wenige Häuser voneinander entfernt in ... Straße in Homburg-Erbach.

... rung des erpresserischen Menschenraubes gab eine 23jährige Hausfrau aus Marburg an der Lahn. Sie war eine Bekannte von Andreas Leiner, der ihr seine Beteiligung an der Entführung von Gernot Egolf gestanden haben soll. Sie wandte sich daraufhin am Dienstag dieser Woche an die Polizeidienststelle in Marburg, welche die sofortige Festnahme der beiden jungen Männer in Homburg veranlaßte.

Bei ihren ersten Vernehmungen gestanden Andreas Leiner und Joachim Müller, daß sie bereits in den Sommermonaten beschlossen hatten, eine Person zu entführen und durch Erpressungen zu Geld zu kommen. Ihre Wahl fiel schließlich auf Egolf, der Müller zwar völlig unbekannt, Andreas Leiner dagegen vom Sehen her bekannt war.

Das Motiv für die Entführung lag in den finanziellen Schwierigkeiten begründet, in welche die beiden ledigen Männer in den letzten Jahren geraten waren. Der Waldfacharbeiter Müller ist seit geraumer Zeit arbeitslos und hat durch verschiedene Käufe hohe Schulden, während der Heizungsmonteur Leiner seit geraumer Zeit „im Krankenschein" ist.

Andreas Leiner hatte durch den Kauf eines Autos und eines anschließend von ihm verursachten Unfalls Schulden in Höhe von über 80 000 DM. Da die Opfer des Verkehrsunfalles Regreßansprüche gestellt hatten, befand er sich in einer akuten finanziellen Klemme.

Gernot Egolf war von den beiden Tätern am 19. Oktober, gegen 16 Uhr, von seiner Arbeitsstelle gelockt worden, indem sie sich telefonisch unter dem Namen eines Freundes von Egolf meldeten und ihn zu einem Treffpunkt in die Homburger Stadtmitte baten. Dort erwarteten sie ihn im Personenwagen von Joachim Müller und lockten ihr Opfer in das Fahrzeug unter der Zusage, daß man gemeinsam eine Gaststätte aufsuchen werde. ... Egolf jedoch in dem Wagen, ...

Der Fundort (x) der Leiche zwischen Eisen und Achtelsbach.

... von Gernot Egolf drei bis vier Tag... seiner Entführung rapide verschl... Sie wollen ihn ständig mit Nahru... tein und Getränken versorgt habe...

Widersprüchliche Aussagen ... beide über den Zeitpunkt, wann ... letzten Male in dem Bunker bei ... Egolf gewesen waren, als dies... lebte. Einstimmig erklärten sie ... Dienstag, dem 7. De...

Saarbrücker Zeitung vom 9. und 10. Dezember 1976

Recht und Gerechtigkeit

Ingrid S. wird am 11. Dezember 1976 vorläufig festgenommen und kommt in Zweibrücken in Untersuchungshaft. Sie gilt fortan nicht mehr als Zeugin, sondern als Mittäterin. Für den 11. Januar 1977 ist ein Haftprüfungstermin angesetzt, bei dem sie bis zur Verhandlung wieder auf freien Fuß gesetzt wird.

Joachim M. wird in der Justizvollzugsanstalt Neunkirchen untergebracht und Andreas L. in Saarbrücken.

Am 14. Dezember 1976 findet auf dem Hauptfriedhof in Homburg unter großer Anteilnahme die Trauerfeier für Gernot Egolf statt. Dekan Siegfried Wagner, dessen Rolle in dem Entführungsfall sehr unglücklich war, hält die Trauerrede, die mit den Worten beginnt:

> Wir hofften, das Ende der Angst würde
> Befreiung sein. Aber das Ende der Angst
> war nicht Befreiung, sondern Entsetzen.
> Entsetzen über das grauenvolle Geschehen,
> bei dem unsere Vorstellungskraft versagt
> und das sich doch in unserer Mitte ereignet hat.

Die Polizei und die Staatsanwaltschaft sehen sich in den folgenden Wochen berechtigten Vorwürfen ausgesetzt. Vor allem das späte Einschalten der Öffentlichkeit wird ihnen zur Last gelegt.

Auch dass eine systematische Flächenfahndung nach dem Versteck des Opfers ausblieb, wird bemängelt. Die von den Entführern vorgeschlagenen Orte zur Geldübergabe (Homburg-Innenstadt und Erbach) sowie die Orte, an denen die Briefe eingeworfen wurden (Homburg, Bexbach, Herschweiler-Pettersheim) zeugen von einem begrenzten Bewegungsfeld der Täter. In diesem Umfeld hätte man mit Hundertschaften systematisch nach Waldhütten, Scheunen und Bunkeranlagen suchen und diese durchsuchen müssen.

Weiterhin hätte man Experten aus dem Bundesgebiet hinzuziehen können, die über mehr Erfahrung im Umgang mit Entführern verfügen, als die saarländische Polizei und Staatsanwaltschaft. 1971 bei der Entführung des Chefs von Aldi-Nord, Theo Albrecht in Essen, hatte das zuständige Landeskriminalamt Nordrhein-Westfalen Experten aus dem ganzen Bundesgebiet angefordert, unter anderem den Münchner Kriminaldirektor Hermann Häring, der als ausgewiesener Experte für Entführungen gilt.

Die Tatsache ist ebenfalls nicht zu bestreiten, dass Joachim M. und Andreas L. nicht auf Grund erfolgreicher polizeilicher Ermittlungen gefasst wurden, sondern weil Ingrid S. ihren Freund loswerden und sich einem neuen Mann zuwenden wollte, der zum Glück umgehend zur Polizei ging.

Besonders hart geht der *Spiegel* in seiner Ausgabe 15/1977 mit Polizei und Staatsanwaltschaft um:

> »... Was Kripo und Justiz an der Saar im vergangenen Herbst so alles versäumt hatten bei dem Versuch das Leben des Entführten zu retten, beschäftigt seither Innenminister, Kriminologen und Kripo-Praktiker im Lande und in der Republik: Zu offenkundig war schon nach ersten Analysen des Falls die Kette von Pannen und Fehlentscheidungen, die sich die Ermittler geleistet hatten. Am Beispiel Egolf diskutieren hohe Polizeiführer nun die Frage, ob Provinzfahnder ohne Hilfe überregionaler Experten komplizierten Kidnappingfällen gewachsen sind ...«

Inzwischen bereitet die Staatsanwaltschaft die Anklageschrift vor. Doch für einen der Täter erübrigt sie sich. Andreas L. entzieht sich der weltlichen Gerichtsbarkeit.

Ein paar Tage zuvor hat ihn noch seine Mutter besucht. Ihr erzählt er, dass er hofft, bald in einer Gemeinschaftszelle untergebracht zu werden.

Es ist der 1. März 1977. Andreas L. ist auf dem Weg von seiner Einzelzelle zur Freistunde auf dem Hof. Der Treppenaufgang am Ende des Ganges ist mit einem Schutzgitter versehen. Es gelingt ihm, ohne dass sein Bewacher eingreifen kann, das Schutzgitter von außen bis unter das Dach hochzuklettern. Oben angekommen, stürzt er sich aus einer Höhe von 16 Metern

Fall Egolf: L[redacted] sprang in den Tod

Mutmaßlicher Entführer hatte seit seiner Festnahme Selbstmordabsichten

Andreas L[redacted] Foto: dpa

tom. Saarbrücken, 1. März (Eig. Ber.)

Der 22jährige Andreas L[redacted] aus Homburg-Erbach, einer der beiden mutmaßlichen Entführer des Miterben der Karlsberg-Brauerei KG Weber, Gernot Egolf, verübte am Dienstagmorgen in der Untersuchungshaftanstalt Saarbrücken („Lerchesflur") Selbstmord. L[redacted] sprang aus etwa acht Metern Höhe in den Innenhof der Anstalt und war sofort tot.

Andreas L[redacted] saß wegen des Verdachts in U-Haft, gemeinsam mit dem gleichaltrigen Joachim M[redacted] die Entführung Egolfs und dessen Ermordung durch Unterlassung begangen zu haben. Müller und L[redacted] entführten laut eigener Aussage am 19. Oktober 1976 den 32jährigen Gernot Egolf, dessen Leiche am 9. Dezember 1976 in einem Bunker bei Eisen (Kreis St. Wendel) gefunden wurde. Nach ihrer Festnahme gestanden sie, daß sie Egolf vom Tag der Entführung an in dem Bunker gefangen hielten. Er war zeitweise an einer 1,50 Meter langen Eisenkette an die Wand des Bunkers gefesselt. Vermutlich starb ihr Opfer, das sie in den letzten Wochen kaum noch aufsuchten, an Unterkühlung.

Da Andreas L[redacted] seit seiner Festnahme Selbstmordgedanken äußerte, war, wie das Justizministerium mitteilt, eine besondere Überwachung und Einzelfreigang mit einem Beamten für ihn angeordnet. Trotzdem gelang es ihm, am Dienstagmorgen zu Beginn des Freigangs den Selbstmord zu verüben: Als der Wachbeamte seine Zelle im ersten Stockwerk abschloß, rannte L[redacted] in den Innenhof und kletterte außen an einem bis unter das Dach reichende Gitter in die Höhe und sprang dann im Bereich der vierten Etage in den Tod. Das Gitter soll verhindern, daß sich Häftlinge von den Zellengängen in den Innenhof stürzen. Eine Untersuchung über den Vorfall in der Untersuchungshaftanstalt wurde vom Justizministerium angeordnet.

Saarbrücker Zeitung vom 2. März 1977

kopfüber in die Tiefe und schlägt auf dem Steinplattenboden des Innenhofs auf. Er ist sofort tot. In der *Saarbrücker Zeitung* vom 2. März steht zu lesen:

> »... Da Andreas L. seit seiner Festnahme Selbstmordgedanken äußerte, war, wie das Justizministerium mitteilte, eine besondere Überwachung und Einzelfreigang mit einem Beamten für ihn angeordnet. Trotzdem gelang es ihm, am Dienstagmorgen zu Beginn des Freigangs den Selbstmord zu verüben ...«

Jetzt müssen sich nur noch Joachim M. wegen Entführung und Mord sowie Ingrid S. wegen Beihilfe vor Gericht verantworten.

Die Verhandlung gegen beide beginnt am Freitag, dem 2. Dezember 1977, um 9 Uhr vor dem Landgericht Saarbrücken. Den Vorsitz hat Richter Karl Lillig, die Anklageseite vertritt Oberstaatsanwalt Dr. Huhn.

Liesel und Karl-Simon Egolf sind als Nebenkläger zugelassen. Als Rechtsbeistand steht ihnen weiterhin Dr. Egon Müller zur Seite.

Am Freitagmorgen beginnt der Egolf-Prozeß vor dem Saarbrücker S

Motiv für die Entführung waren finanzielle Schwierigkeiten

Täter hatten ein Lösegeld in Höhe von zwei Millionen DM gefordert

Saarbrücker Zeitung vom 1. Dezember 1977

In der Anklageschrift der Staatsanwaltschaft Saarbrücken steht zu lesen:

»... werden angeklagt,

in der Zeit vom 19.10. bis 8.12.1976 in Homburg und Eisen

I. der Angeschuldigte M. gemeinschaftlich handelnd aus Habgier oder sonst aus niedrigen Beweggründen, grausam und um eine andere Straftat zu verdecken, einen Menschen getötet zu haben, und hierbei durch ein- und dieselbe Handlung, einen anderen entführt zu haben, um die Sorge eines Dritten um das Wohl des Opfers zu einer Erpressung (§ 253) auszunutzen und durch diese Tat leichtfertig den Tod des Opfers verursacht zu haben,

II. die Angeklagte S. vorsätzlich anderen zu dem von ihnen begangenen Verbrechen des erpresserischen Menschenraubes mit Todesfolge (§ 239 a Abs. 1 u. 2 – s.o. zu I b) Hilfe geleistet zu haben.«

Doch kaum hat die Verhandlung begonnen, wird sie schon wieder unterbrochen, denn der neue Anwalt von Ingrid S., Klaus John, stellt einen Antrag auf Ablehnung des Vorsitzenden Richters wegen Befangenheit. Grund für diesen Antrag ist die Bestellung des bisherigen Anwalts von Ingrid S., Josef Müller, als zusätzlichen Pflichtverteidiger. S. hat Josef Müller abgelehnt, weil dieser ihre Geschichte an die BILD-Zeitung verkauft hat. Dass dieser Verkauf auf ihren eigenen Wunsch geschah, scheint sie vergessen zu haben.

Der Antrag auf Befangenheit wird abgelehnt und um 14:30 Uhr kann die Verhandlung erneut beginnen.

Klaus John beantragt, dass das Verfahren gegen seine Mandantin getrennt verhandelt wird. Diesem Antrag wird stattgegeben. Und so steht in den folgenden Tagen nur noch Joachim M. vor dem Schwurgericht.

Die Augenscheinobjekte, die von der Staatsanwaltschaft vorgelegt werden, sind ein Tonband mit den Telefongesprächen, eine Lichtbildmappe, Karten und Skizzen, die drei Briefe, die Gernot schreiben musste, die Todesbescheinigung und als eindrucksvollstes Objekt, die Kette mit dem Schloss, die ihn in der Bunkerruine gefangen hielt.

Es werden Zeugen und Sachverständige befragt wie der Homburger Gerichtsmediziner Dr. Wagner, Dr. Bjelanovic vom Wetteramt in Trier, Prof. Dr. Luthe und Dr. Diesing vom Institut für Gerichtliche Psychologie und Psychiatrie, Homburg sowie die Professorin Elisabeth Müller-Luckmann von der Universität Braunschweig.

Prof. Müller-Luckmann ist Psychologin und eine renommierte Gerichtsgutachterin. Unter anderem hat sie in den Prozessen gegen den Kindermörder Jürgen Bartsch und den Serienmörder Fritz Honka Gutachten erstellt.

Sie beschreibt Joachim M. als einen Menschen, der nicht in der Lage ist, eine Sache mit allen Konsequenzen zu Ende zu denken. Dessen Denken von banalen Inhalten geprägt sei und der sich mit Denkklischees identifiziert. Von einer Entführung habe er sich ebenso klischeehafte Vorstellungen gemacht. Weiter führt sie aus, dass M. viel verdrängte. Als ihm die Situation entglitt, habe er die Probleme verdrängt. Geradeso naiv und diffus, wie er sich die Entführung insgesamt vorgestellt habe, habe er sich auch deren Ausgang vorgestellt.

Dr. Diesing interpretiert das Verhalten M.s so: »Er war aus mangelnder Umsicht rücksichtslos.«

Prof. Müller-Luckmann und die anderen Gutachter, die sich mit Joachim M. befasst haben, kommen in ihren Beurteilungen zu dem Ergebnis, dass an seiner Schuldfähigkeit kein Zweifel besteht.

Am Freitag, dem16. Dezember 1977, etwas mehr als ein Jahr nach der Tat, wird das Urteil gesprochen.

»Der Angeklagte Joachim M. ist des Mordes in Tateinheit mit erpresserischem Menschenraub schuldig. Er wird deshalb zu einer lebenslangen Freiheitsstrafe verurteilt!«, so der Urteilsspruch des Richters Karl Lillig.

In der Saarbrücker Zeitung vom darauf folgenden Tag liest man dazu:

> »... Joachim M., noch blasser als sonst, nahm den Spruch der Hilfsschwurgerichtskammer gefasst entgegen. Auch während der eineinhalbstündigen Urteilsbegründung zeigten sich bei ihm keine Reaktionen auf das härteste Urteil, das unsere Strafjustiz kennt.
> Als Joachim M. von zwei Justizwachtmeistern zur Urteilsverkündung in den Schwurgerichtssaal geführt wurde, versuchten seine Geschwister ihm noch Trost zuzusprechen, ehe er auf der Anklagebank Platz nahm.
> Dann ließ Richter Lillig in seiner Urteilsbegründung noch einmal all das abrollen, was in der viertägigen Hauptverhandlung über die Tat und den Tod Gernot Egolfs zur Sprache gekommen war ...«

olf-Prozeß zu lebenslanger Strafe verurteilt: Joachim Peter Müller, 22 Jahre alt.

Lebenslange Freiheitsstrafe für Egolf-Entführer

Der 22 Jahre alte Joachim M wegen erpresserischen Menschenraubes und Mordes verurteilt / „Grausam und aus Habgier gehandelt“

FAZ vom 17. Dezember 1977

Joachim M.'s Anwalt erklärt nach der Urteilsverkündung, dass er Revision beim Bundesgerichtshof einlegen will. Der Revisionsantrag wird abgelehnt.

Die Gerichtsverhandlung gegen Ingrid S. beginnt Ende April 1979. Sie ist inzwischen geschieden und ihr Mann hat das Sorgerecht für die beiden Kinder.

Ingrid S. wird der »Beihilfe zum erpresserischen Menschenraub mit Todesfolge« angeklagt. Der Staatsanwalt beantragt eine Freiheitsstrafe unter zwei Jahren. Der Verteidiger plädiert auf Freispruch.

Am 22. Mai 1979 wird vor dem Schwurgericht das Urteil gesprochen. Ingrid S. wird freigesprochen. Für die in der Untersuchungshaft verbrachte Zeit erhält sie Haftentschädigung.

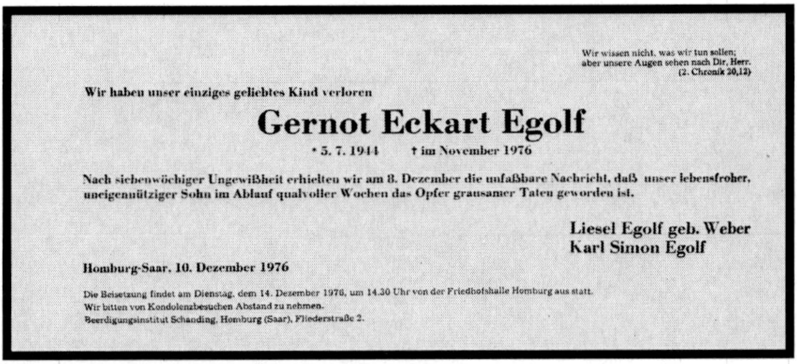

Wir wissen nicht, was wir tun sollen;
aber unsere Augen sehen nach Dir, Herr.
(2. Chronik 20,12)

Wir haben unser einziges geliebtes Kind verloren

Gernot Eckart Egolf

* 5. 7. 1944 † im November 1976

Nach siebenwöchiger Ungewißheit erhielten wir am 8. Dezember die unfaßbare Nachricht, daß unser lebensfroher, uneigennütziger Sohn im Ablauf qualvoller Wochen das Opfer grausamer Taten geworden ist.

Liesel Egolf geb. Weber
Karl Simon Egolf

Homburg-Saar, 10. Dezember 1976

Die Beisetzung findet am Dienstag, dem 14. Dezember 1976, um 14.30 Uhr von der Friedhofshalle Homburg aus statt.
Wir bitten von Kondolenzbesuchen Abstand zu nehmen.
Beerdigungsinstitut Schanding, Homburg (Saar), Fliederstraße 2.

Todesanzeige in der Saarbrücker Zeitung

Gedenktafel auf dem Gelände der Karlsberg-Brauerei

Gernots Eltern haben den Verlust ihres Sohnes nie überwunden.

Zur Erinnerung an ihn wird vor dem Westwallbunker, in dem er gefangen gehalten wurde und starb, ein Holzkreuz mit seinem Namen aufgestellt.

Sein Vater ruft eine Stiftung unter Gernots Namen ins Leben, die diakonische Maßnahmen der evangelischen Kirche unterstützen und Alten, Kranken und Waisen zugute kommen soll.

Auf dem Gelände der Karlsberg-Brauerei wird ein Brunnen mit einer Gedenktafel errichtet, der ebenfalls die Erinnerung an ihn wachhalten soll.

Der Fall Pascal

Hinweis:

Aus Gründen des Schutzes der Persönlichkeitsrechte wurden die Namen der Personen im Fall Pascal von der Autorin geändert.

Ein kleiner Junge

Pascal aus Saarbrücken-Burbach kam Dezember 1995 im Saarbrücker Winterberg-Krankenhaus zur Welt. Seine Mutter ist bei der Geburt 36 Jahre alt. Er bleibt Einzelkind. Pascals Vater ist vier Jahre älter als seine Lebensgefährtin. Aus erster Ehe hat er bereits einen Sohn und zwei Töchter, die alle ungefähr zehn Jahre älter sind als Pascal.

Pascals Mutter hat nie eine Ausbildung gemacht und hat vor der Geburt ihres Sohnes zeitweise als Küchenhilfe gearbeitet. Jetzt ist sie arbeitslos und krank, kann sich nur unter Schmerzen bewegen und muss starke Medikamente einnehmen. Was ihr Verhältnis zu Pascal betrifft, hört man widersprüchliche Aussagen. So berichtet eine Erzieherin des Kindergartens, den er besucht, dass sich die Mutter gut um ihren Sohn kümmert. Nachbarn wiederum behaupten, dass sie ihn vernachlässigt.

Pascals Vater ist Alkoholiker, mehrfach vorbestraft und gilt als gewalttätig. Er hat ebenfalls keinen Beruf gelernt, arbeitete jedoch ab und zu als Gerüstbauer. Jetzt ist er ebenso wie seine Lebensgefährtin krank und arbeitslos.

Zum Zeitpunkt von Pascals Verschwinden ist er stationär in einer Entzugsklinik untergebracht und darf diese nur am Wochenende und nach Absprache mit seinen behandelnden Ärzten verlassen.

In dem 2008 beim Gollenstein-Verlag erschienenen Buch *Pascal – Anatomie eines ungeklärten Falles* von Dieter Gräbner erzählt Pascals Tante, die jüngere Schwester seiner Mutter, dass es Pascal war, der seinen Vater mit den Worten »Papa, du trinkst dich tot« dazu gebracht habe, einen Alkoholentzug zu machen. »Wenn er getrunken hatte, konnte er sich oft nicht auf den Beinen halten«, beschreibt sie ihn in diesem Interview und fügt hinzu, dass er ein hilfsbereiter und herzensguter Mann gewesen sei. Auch erfährt man von ihr, dass der Umgangston von Pascals Eltern ihrem Kind gegenüber oft rau und derb war. Jedoch habe es Pascal, was Spielsachen anging, an nichts gefehlt.

Kenntnisse der Polizei im Fall Pascal: Brutale Kinder...

Traurige Vermutung Der fünfjährige Pascal aus Burbach (kleines Foto) wird seit Ende September 2001 vermisst, als er mit seinem Fahrrad das Haus verließ (Foto: baugleiches Modell). Nun ist sich die Polizei leider fast sicher: Pascal wurde Opfer eines brutalen Sexualverbrechens. Seine Leiche vermuten die Beamten auf einer Kiesgrube in der Nähe der französischen Gemeinde Schöneck (großes Foto). Heute soll dort eine große Suche starten. FOTO: HONK/DPA(2)

Pascal – Opfer von Kinderschändern?

In einer ehemaligen Kneipe in Burbach sollen junge Opfer von ihren Peinigern gequält worden sein

– Von MICHAEL JUNGMANN –

Die Täter – krank oder „ekelhaft normal"?

Saarbrücker Zeitung vom 24. Februar 2003

Offensichtlich besaß er zum Zeitpunkt seines Verschwindens auch drei Paar Turnschuhe, was ungewöhnlich ist für ein Kind, das sich noch im Wachstum befindet. Auf einem Foto in der *Saarbrücker Zeitung*, das kurz nach seinem Verschwinden veröffentlicht wurde und die Bildunterschrift trägt: »Verwaist waren nach Pascals Verschwinden diese Kinderschuhe vor der Wohnung der Zimmers«, sind ein Paar Gummistiefel und zwei Paar Turnschuhe zu sehen. Ein weiteres Paar (angeblich blau-schwarze) soll er, so seine Mutter, am Tag seines Verschwindens getragen haben.

Pascals Lebensumstände sind nicht optimal. Wie viele Familien in dieser Gegend wird auch seine vom Jugendamt betreut. Er lebt mit seiner Mutter in einer Erdgeschoss-Wohnung in einem heruntergekommenen Mehrfamilienhaus. Hinter dem Haus befindet sich ein Hof, der von allen Mietsparteien genutzt wird. Kinder können dort spielen und die Erwachsenen sitzen im Sommer beisammen und grillen Würstchen und Schwenker, wobei der Kasten Bier nie fehlt. Auch ist der Hinterhof Sammelplatz für allerlei Gerümpel, für den die Mieter in ihren Wohnungen keinen Platz mehr haben. Von Pascals Zimmer führt eine Tür direkt auf diesen Hof, so kann er unbemerkt und ohne Wissen seiner Mutter verschwinden und durch Burbach streifen.

Das Haus steht an einer stark befahrenen und mehrspurigen Straße in Burbach. Die Hochstraße ist eine Durchfahrtsstraße, auf der man nicht anhält, außer man wohnt dort. Den gesamten Stadtteil Burbach muss man als sozialen Brennpunkt bezeichnen.

Als sozialer Brennpunkt werden, einer Definition des Deutschen Städtetages aus dem Jahr 1979 zufolge, Wohngebiete bezeichnet, »in denen Faktoren, die die Lebensbedingungen ihrer Bewohner und insbesondere die Entwicklungschancen beziehungsweise Sozialisationsbedingungen von Kindern und Jugendlichen negativ bestimmen, gehäuft auftreten«.

All das trifft auf Burbach zu, obwohl das nicht immer so war. Burbach, zum ersten Mal im Jahr 1313 urkundlich erwähnt, hat schon bessere Zeiten erlebt – damals als es noch Arbeit auf der Burbacher Hütte gab und der Stahl in den Hochöfen gekocht wurde. Das war harte Arbeit, die auf die Knochen ging, die aber auch stolz machte und von der man seine Familie ernähren konnte.

Saarland, das bedeutete in jenen Jahren Kohle und Stahl. Und damals wie heute, Fußball – neben dem *FC Saarbrücken* und der *Saar 05* gibt es die in Burbach ansässigen *Sportfreunde 05 Saarbrücken*. Sie spielten in den fünfziger Jahren in der Oberliga, der damals höchsten deutschen Spielklasse. Zwei Nationalspieler der einstigen saarländischen Nationalmannschaft waren aus Burbach, Günter Herrmann und Hans Neuerburg. 1963/64 spielte auch der spätere deutsche Nationalspieler Hannes Löhr bei den Burbacher Sportfreunden.

Die guten Zeiten, in denen Burbach ein prosperierender Ort mit einer tatkräftigen und traditionsbewussten Arbeiterschaft, die sich in ihren den Gemeinsinn stärkenden Vereinen traf, sind jedoch seit der Schließung der Hütte im Jahr 1977 vorbei. Und dann ging es stetig bergab. Es mangelte zusehends an Perspektiven. Hoffnungslosigkeit und Trostlosigkeit breiteten sich aus – beste Voraussetzungen für verbreiteten Alkoholismus sowie physische und psychische Verwahrlosung. Wer konnte, zog weg. Den Verbliebenen drohte der soziale Abstieg.

In diesem Milieu ist Pascal aufgewachsen, hier ist sein Lebensmittelpunkt und in dieser Gegend ist er oft mit seinem Kinderfahrrad alleine unterwegs. Sein Bewegungsradius, so

Die Hochstraße in Saarbrücken-Burbach – das Lebensumfeld von Pascal.

wurde ermittelt, beträgt drei Kilometer – enorm groß für einen so kleinen Kerl.

Viele kennen ihn hier und beschreiben ihn als einen hübschen Jungen. Seine Haare sind dunkelblond (zum Zeitpunkt seines Verschwindens trägt er sie stoppelkurz) und seine Augen sind braun. Wenn er lacht, zeigt er eine Zahnlücke. Er spricht saarländischen Dialekt.

Er besucht den evangelischen Kindergarten in Burbach und ist mit anderen gleichaltrigen Kindern aus der Nachbarschaft befreundet. Er ist schüchtern und braucht eine Weile, bis er mit einem ihm unbekannten Menschen warm wird. Seine Leibspeisen sind Pizza und Eier mit weißer Soße. Wie die meisten Jungs mag er Fußball. Seine Tante schenkt ihm Fußballschuhe und einen Ball. Wenn er seine Großmutter mütterlicherseits besucht, spielt er oft mit ihr im Keller Fußball.

Er mag auch Legosteine und Musik, und im Fernsehen schaut er sich gerne die *Teletubbies* an, von denen er ein Bild gemalt und in seinem Kinderzimmer aufgehängt hat – die *Teletubbies* ist eine englische TV-Serie für Kleinkinder, die in Deutschland von 1999 bis 2001 ausgestrahlt wird. Manchmal ist er in der Wohnung einer Freundin seiner Mutter, die im selben Haus ebenfalls im Erdgeschoss wohnt, und schaut bei ihr fern oder hört Musik. Hin und wieder besucht er auch einen Nachbarn im Haus, um dessen Fische im Aquarium zu beobachten.

An der Tür seines Kinderzimmers hängt ein Schild aus Pappe, auf dem steht: »Frauen haben keinen Zutritt. Verbot. Pascal.« Seine Mutter musste ihm das aufschreiben, und er kritzelte seinen Namen darunter. Der Grund für dieses Verbotsschild ist nicht bekannt.

Sieht er sein Kinderzimmer als sein ureigenes Refugium an, oder ist dieses Verbot an eine bestimmte Person gerichtet?

Pascal ist zum Zeitpunkt seines Verschwindens fünf Jahre alt, 1,20 m groß, wiegt ungefähr 15 bis 18 kg und wirkt zart und schwächlich. Er hat Probleme mit der Feinmotorik und die Achillessehnen in seinen Beinen sind verkürzt. Aus diesem Grund läuft er oft auf den Zehenspitzen und hat bei größerer Anstrengung oder wenn er weite Stecken gehen muss, Schmerzen in den

Beinen. Deswegen ist er in ärztlicher und physiotherapeutischer Behandlung.

Seine Großmutter mütterlicherseits, mit der Pascal in den Wochen vor seinem Verschwinden öfter als sonst zusammen gewesen sein soll, behauptet, dass er auch an der so genannten »Eiweißspeicherkrankheit« leide. (Bei dieser Krankheit kann der Körper tierisches Eiweiß nicht richtig verarbeiten und muss es daher im Körpergewebe ablagern. Von Schulmedizinern wird angezweifelt, dass es diese Krankheit überhaupt gibt und wird als solche nicht anerkannt.)

Nach Aussage seiner Großmutter soll er in den Wochen vor seinem Verschwinden angefangen haben zu stottern und zu bettnässen. Das beunruhigt sie so sehr, dass sie mit ihm eine Psychologin aufsuchen möchte. Sie vereinbart auch einen Termin, um mit professioneller Hilfe den Ursachen dieser Auffälligkeiten auf den Grund zu gehen. Als die Mutter des Jungen von dem Vorhaben der Großmutter erfährt, verbietet sie ihrem Sohn den Kontakt zur Oma. Zu einem Treffen des Jungen mit der Psychologin wird es nicht mehr kommen.

Am Sonntag, dem 30. September 2001, verschwindet Pascal spurlos.

Spurlos

Pascals letzte Stunden vor seinem Verschwinden festzuhalten, ist nicht einfach. Zu sehr weichen Uhrzeiten und Angaben, wer ihn wann und wo zuletzt gesehen hat, voneinander ab.

Es ist kurz nach acht Uhr morgens, als Pascal und seine Mutter am Sonntag, dem 30. September 2001, aufstehen und zusammen frühstücken. Kurz vor neun verlässt der Junge die Wohnung. Er trägt an diesem Tag eine dunkelblaue Jogginghose, Turnschuhe und einen hellblauen Pullover mit langen Ärmeln.

Pascal holt einen Freund ab, mit dem er zur Kirche geht. Danach besuchen die beiden Kinder noch das Erntedankfest, das im evangelischen Kindergarten Lutherhaus am Noldplatz 4 gefeiert wird. Dort wird für die Kinder eine Tombola veranstaltet, bei der Pascal einen Fahrradhelm gewinnt. Auf diesen Fahrradhelm ist er sehr stolz und wird ihn den ganzen Tag beim Radfahren tragen, denn jeder soll sehen, was er gewonnen hat. Gegen halb zwölf sind Pascal und sein Freund wieder zu Hause in der Hochstraße und spielen bis zum Mittag.

Um 12 Uhr trifft Pascals Vater in der Wohnung bei seiner Lebensgefährtin und Pascal ein. Er darf an diesem Sonntag die Entzugsklinik verlassen.

Pascals Mutter scheint an dem bisschen Familienleben, das ihr bleibt, festzuhalten. Sie kocht und um 13 Uhr essen die drei, wie es in einer intakten Familie üblich wäre, gemeinsam zu Mittag. Danach besucht der Vater einen Freund, der im selben Haus wohnt wie Pascal und seine Mutter. Mit diesem Freund feiert er Geburtstag.

Auch Pascal verlässt nach dem Mittagessen die Wohnung. Er setzt seinen Fahrradhelm auf und radelt zu einem Freund, der an diesem Tag ebenfalls Geburtstag hat. Es ist kurz nach 14 Uhr, als er bei diesem Freund ankommt und an dem Kindergeburtstag teilnimmt. Sehr bald jedoch möchte er wieder mit seinem Rad durch die Straßen fahren und stolz seinen neuen Helm zeigen, aber niemand schließt sich ihm an. Also verlässt er den Kindergeburtstag und radelt alleine durch Burbach. Aber so allein, langweilt er sich und macht sich etwas später wieder auf den Weg zurück zu seinem Freund. Es ist viertel nach vier, als er dort ankommt. Er klingelt erneut. Aber der Freund und seine Geburtstagsgäste wollen auch jetzt nicht mit ihm auf der Straße Fahrrad fahren. Also fährt er wieder alleine umher. An diesem Nachmittag soll er angeblich alle halbe Stunde zu Hause bei seiner Mutter vorbeigeschaut haben.

Gegen halb fünf Uhr fährt ein Mann mit seinem Auto durch die Hochstraße. Er bemerkt einen kleinen Jungen auf einem Kinderfahrrad, auf den die Beschreibung Pascals zutrifft. Der Autofahrer erinnert sich später sehr gut an diese Begegnung. Er wundert sich nämlich, dass ein so kleines Kind ganz allein auf der mehrspurigen Durchgangsstraße unterwegs ist.

Eine halbe Stunde später wird Pascal noch einmal von einem Zeugen gesehen, wie er die Hochstraße in Nähe seines Zuhauses entlang fährt. Ein weiterer Zeuge sagt aus, dass er das Kind danach ohne Helm auf dem Fahrrad gesehen und aufgefordert hat, er solle doch nach Hause gehen.

Danach fehlt von Pascal jede Spur. Auch sein gelb-blaues Kinderrad ist unauffindbar. Das Einzige, was von ihm zurückbleibt, ist sein Fahrradhelm. Seine Mutter findet ihn gegen 18:30 Uhr im Hinterhof. Wie er da hingekommen ist, kann sie nicht erklären. Obwohl Pascal an diesem Nachmittag angeblich immer wieder zu Hause vorbeigeschaut hat, bemerkt niemand im Haus, wie er seinen Helm abnimmt und im Hof ablegt – auch seine Mutter nicht.

Man fragt sich, warum er seinen neuen Fahrradhelm, auf den er so stolz war und den er den ganzen Tag getragen hat, plötzlich einfach im Hof abgelegt haben soll.

Seit Freitag, dem 28. September, findet in Burbach auf dem Gelände der Saarterrassen das alljährliche Oktoberfest statt, das noch bis zum 8. Oktober andauern und viele Besucher nach Burbach führen wird. Es ist möglich, dass Pascal auch dorthin geradelt ist. Bei dem Bewegungsradius, den er hat, ist das sogar wahrscheinlich.

Seine Mutter gibt nämlich später an, er hätte am Sonntag seines Verschwindens zum Kirmesplatz gehen wollen, sie hätte ihn aber auf den kommenden Donnerstag vertröstet, denn an diesem Tag sei ab 14 Uhr Familientag und alles koste nur die Hälfte.

Seine beiden Stiefschwestern wollten ihn angeblich auch auf die Kirmes mitnehmen und haben deshalb an diesem Tag zweimal bei seiner Mutter in der Wohnung vorbeigeschaut, um ihn abzuholen, aber er sei nicht da gewesen.

Seine Mutter und sein Vater werden später aussagen, dass er sehr wohl in der Wohnung gewesen sei, als die Schwestern ihn abholen wollten.

Ähnlich wie bei der Mutter wird auch das Verhältnis der beiden Schwestern zu Pascal von den Nachbarn widersprüchlich beurteilt. Die Skala der Aussagen reicht von geschwisterlicher Zuneigung über beleidigende Äußerungen auf Grund seiner Gehbehinderung bis hin zu Schlägen.

Pascal sollte, nach Aussage seiner Mutter, an diesem Sonntag zwischen 18 und 19 Uhr wieder zu Hause sein. Als er um 19 Uhr nicht zu Hause ist, macht sie sich kurz danach auf die Suche nach ihm und ruft auch ihre Schwester an, die fünf Kilometer entfernt wohnt, und bittet um Hilfe.

Pascals Vater fährt später mit seinem Fahrrad zur Polizeiinspektion in der Heinrich-Barth-Straße, um eine Vermisstenanzeige aufzugeben. Er gibt an, dass sein fünfjähriger Sohn mit dem Fahrrad unterwegs sei und immer noch nicht nach Hause gekommen ist. Es heißt, der Vater wäre an diesem Tag betrunken gewesen.

Die Polizei beginnt zuerst im Umkreis der elterlichen Wohnung zu suchen. Dann wird die Suche systematisch erweitert. Die Burbacher sind geschockt, als sie vom Verschwinden des kleinen Pascal erfahren und viele von ihnen beteiligen sich an der Suche nach ihm. Ein Nachbar aus dem Haus hegt die Hoffnung, dass sein Hund den kleinen Jungen finden könnte und bittet Pascals Mutter, den Hund an einem Kleidungsstück des Kindes schnüffeln zu lassen. Sie lehnt das aber ab und der Nachbar ist enttäuscht, da er der Meinung ist, dass man sich eigentlich in einer solchen Situation an jeden Strohhalm klammert.

Pascals Mutter verkraftet das Verschwinden ihres Sohnes nicht und bricht noch am selben Abend völlig zusammen. Ihre Schwester, Pascals Tante, übernimmt an ihrer Stelle die Verantwortung und ist fortan auch die Ansprechpartnerin für Polizei und Medien. In der Nacht vom 30. September auf den 1. Oktober übernachtet die Tante in der Hochstraße. Am nächsten Morgen nimmt sie ihre Schwester und Pascals Vater mit zu sich nach Hause, wo beide in Zukunft leben werden. Die Wohnung in der Hochstraße wird von Pascals Mutter nur noch ein einziges Mal betreten – nämlich ein viertel Jahr später, um ihren Hausstand aufzulösen und ganz ins Haus der Schwester in die Souterrainwohnung einzuziehen.

In der Ausgabe vom Dienstag, dem 2. Oktober 2001, der *Saarbrücker Zeitung* steht auf der ersten Seite:

> »Fünfjähriger Pascal verschwunden
> Bei einem Großeinsatz haben am Montag 80 Polizisten mit Hunden nach dem fünfjährigen Pascal [...] aus Burbach gesucht, der seit Sonntag vermisst wird. Der Junge hatte nach Angaben der Polizei das Haus am Sonntag gegen 16 Uhr verlassen, vermutlich um das nahe gelegene Oktoberfest in Burbach zu besuchen. Als er gegen 21 Uhr nicht zu Hause war, erstatteten seine Eltern eine Vermisstenanzeige. Die Suche blieb bis Montagabend erfolglos. Die Polizei bittet um Hinweise ...«

Neben dieser Meldung sind zwei Fotos abgedruckt. Eines zeigt den kleinen Pascal und das andere das baugleiche Modell seines Kinderfahrrads. Dies ist die erste Zeitungsmeldung, in der Pascal erwähnt wird. Zu diesem Zeitpunkt besteht noch Hoffnung, dass man ihn lebend finden wird, und niemand kann sich vorstellen, dass sich das Verschwinden des Jungen in den kommenden Jahren zu einem der größten Kriminalfälle Deutschlands entwickeln wird, und dass dieser ersten Meldung noch Hunderte von Artikeln und Kommentaren in sämtlichen Zeitungen und Magazinen des Bundesgebiets folgen werden.

In den folgenden Tagen wird viel über das spurlose Verschwinden Pascals spekuliert und diskutiert. Niemanden lässt die Frage kalt, was dem Kind zugestoßen sein könnte.

Viele Menschen erinnern sich jetzt auch wieder mit Schrecken an den belgischen Kinderschänder und Mörder Marc Dutroux und seine Ehefrau und Komplizin Michelle Dietmar. Sechs Mädchen, so gestand Dutroux nach seiner Festnahme im

Fünfjähriger Pascal verschwunden

Saarbrücken (red). Bei einem Großeinsatz haben am Montag 80 Polizisten mit Hunden nach dem fünfjährigen Pascal [illegible] aus Saarbrücken-Burbach gesucht, der seit Sonntag vermisst wird. Der Junge hatte nach Angaben der Polizei am Sonntag gegen 16 Uhr die Wohnung seiner Eltern verlassen, vermutlich, um das nahe gelegene Oktoberfest in Burbach zu besuchen. Als er gegen 21 Uhr nicht zu Hause war, erstatteten seine Eltern eine Vermisstenanzeige. Die Suche blieb bis Montagabend erfolglos. Die Polizei bittet um Hinweise: Pascal ist fünf Jahre alt und sehr schlank. Er hat blonde kurze Stoppelhaare. Am Sonntag trug er träge blau-schwarze Turnschuhe, eine blaue Jogginghose sowie einen hellblauen Pulli mit langen Armen. Er hatte ein gelb schwarzes Kinderfahrrad bei sich.

◆ Hinweise an das LKA, ☎ Tel. (06 81) 96 2-33 33, oder jede Polizeidienststelle.

Vermisst Der fünfjährige Pascal aus Burbach wird bereits seit Sonntag vermisst. Er trug zu diesem Zeitpunkt einen hellblauen Pulli.

Pascals Rad Als er sich auf den Weg zum Oktoberfest in Saarbrücken-Burbach machte, hatte Pascal sein gelbschwarzes Kinderfahrrad dabei. Unser Polizei-Foto zeigt ein baugleiches Fahrrad. FOTOS: SZ

Saarbrücker Zeitung vom 2. Oktober 2001

August 1996, hatte er entführt und missbraucht. Vier wurden ermordet. Aus einem Verlies in seinem Keller kann die belgische Polizei am 15. August 1996 zwei Mädchen, Sabine und Laetitia, lebend befreien.

Und es gibt weitere Beispiele, an die man sich in den Tagen nach Pascals Verschwinden wieder erinnert:

In Filderstadt-Bonlanden bei Stuttgart verschwindet am 5. Oktober 2000 die sechsjährige Alexandra auf dem Weg von der Grundschule zur Kindertagesstätte. Das Mädchen wird entführt, missbraucht und getötet. Der Täter lässt ihre Leiche eine Woche auf seinem Balkon liegen und vergräbt sie anschließend in einem Doppelgrab auf dem Waldfriedhof in Leinfelden. Er wird im Januar 2001 überführt.

Am 28. Juni 2001 verschwindet in Bremen die elfjährige Adelina auf dem Weg von der Wohnung ihres Großvaters zur elterlichen Wohnung. Am 7. Oktober 2001 wird ihre Leiche, in einem Plastiksack verpackt, von einer Pilzsammlerin im Wald gefunden. Adelina wurde sexuell missbraucht und der Täter nie gefunden.

Auch Erinnerungen an Peggy, deren Verschwinden noch keine fünf Monate zurückliegt, werden in diesen Tagen wieder wach. Das neun Jahre alte Mädchen aus der oberfränkischen Stadt Lichtenberg verschwindet am 7. Mai 2001 spurlos und ist bis heute verschwunden.

Noch gar nicht so lange her ist in diesen Tagen auch das schreckliche Schicksal des neunjährigen Dennis. Der Junge wird in der Nacht zum 5. September 2001 aus dem Landschulheim in

Wulfsbüttel (Landkreis Cuxhaven) entführt, wohin er mit seiner Schulklasse einen Ausflug unternimmt. Eine Lehrerin will am Morgen die Kinder wecken und bemerkt, dass das Bett von Dennis leer ist. Vierzehn Tage später finden Pilzsucher seine Leiche im Wald.

Beim Landeskriminalamt in Saarbrücken wird in der ersten Oktoberwoche die *Soko Hütte* gegründet, die der erfahrene Polizeidirektor Friedel Reidenbach leiten wird. Ihm zur Seite stehen als Stellvertreter der Erste Hauptkommissar Jürgen Friedrich und Kommissar Ulrich Gebhardt. Von Anfang an liegt ein gewaltiger Erfolgsdruck auf den Beamten der *Soko Hütte*. Denn eines ist gewiss, kein Verbrechen berührt die Menschen so sehr wie die Verbrechen an Kindern.

Im Laufe der ersten Oktoberwoche werden auch die ersten großen Suchaktionen gestartet. Mehr als 150 Polizeibeamte aus dem Saarland und aus Rheinland-Pfalz suchen nach Pascal. Auch Mitarbeiter der DLRG (Deutsche Lebensrettungsgesellschaft), des THW (Technisches Hilfswerk) und der Feuerwehr beteiligen sich an den groß angelegten Suchaktionen. Spürhunde werden eingesetzt, Taucher suchen auf Höhe der Schanzenbergbrücke in Burbach die Saar ab, ebenso den Burbacher Hüttenweiher. Hubschrauber mit Wärmebildkameras überfliegen das Stadtgebiet. Kleidercontainer werden geöffnet und durchsucht, falls Pascal aus Neugier in einen dieser Container gekrabbelt ist und sich nicht mehr aus eigener Kraft befreien kann.

Die Polizei hängt in Burbach und auf den Saarterrassen Plakate auf, auf denen die Bevölkerung um Mithilfe gebeten wird. Geschäftsleute in Burbach möchten helfen und hängen ebenfalls Plakate mit Pascals Foto und einer Personenbeschreibung in den Schaufenstern ihrer Läden auf.

In den ersten Tagen nach Pascals Verschwinden gehen 64 Hinweise ein.

Ein Tipp führt in die Werderstraße, wo ein Anwohner ihn am Montag, den 1. Oktober, in einem Hinterhof gesehen haben will.

Ein anderer Zeuge will gesehen haben, wie Pascal am Tag seines Verschwindens sein Fahrrad in den Kofferraum eines Mercedes gelegt haben soll und anschließend in das Auto eingestiegen ist.

In Völklingen beobachtet ein weiterer Zeuge einen Motorrollerfahrer, der ein Kinderfahrrad verkehrswidrig transportiert. Der Fahrer wird gesucht. Er meldet sich freiwillig bei der Polizei und kann glaubhaft beweisen, dass er nichts mit dem Verschwinden des Jungen zu tun hat.

Verdächtigt wird auch ein Taxifahrer, von dem es hieß, dass er pädophil veranlagt sei und Kinder, auch Pascal, des Öfteren zum Kindergarten gefahren hat. Um den 30. September 2001 herum soll er sich jedoch im Ausland aufgehalten haben. Ob das so stimmt oder ob Pascal doch zu ihm ins Taxi gestiegen ist, lässt sich nicht mehr überprüfen. Der Mann ist untergetaucht und die Spur wird nicht weiter verfolgt.

Die Polizei überprüft auch ein Verbrechen, das im Jahr 1988 verübt wurde. Im August1988 wird der neunjährige Martin aus Burbach von einem 30-Jährigen aus Gersweiler-Ottenhausen ins Auto gelockt. Der Mann nimmt den Jungen mit, missbraucht und tötet ihn. Einen Zusammenhang mit Pascals Verschwinden können die Ermittler der *Soko Hütte* jedoch nicht feststellen.

Am 4. Oktober 2001 lobt der Lebensgefährte von Pascals Großmutter für sachdienliche Hinweise eine Belohnung von 10 000 Mark aus. Ein paar Tage später erhöht ein Onkel des Jungen die Summe um weitere 20 000 Mark.

Am 5. Oktober 2001 findet eine Pressekonferenz statt, an der neben Polizei und Staatsanwaltschaft auch Pascals Vater, seine Tante, nicht aber seine Mutter teilnehmen. Seine Mutter fühlt sich dem Druck nicht gewachsen. Nach der Pressekonferenz, bei der die Bevölkerung eindringlich um Mithilfe bei der Suche nach dem Jungen gebeten wird, gehen weitere Hinweise ein.

Noch wollen die Menschen daran glauben, dass Pascal gefunden wird, auch wenn die Hoffnung von Tag zu Tag ein bisschen mehr schwindet.

Inzwischen sind weit über 300 Hinweise bei der Polizei eingegangen, aber es ist noch immer keine vielversprechende, geschweige denn eine heiße Spur dabei.

Einer Statistik des LKA (Landeskriminalamt) zufolge galten im Jahr 2000 im Saarland 368 Personen als vermisst. Davon waren 77 Kinder im Alter bis zu 14 Jahren. 73 Kinder sind wieder aufgetaucht – zum größten Teil handelte es sich um Ausreißer.

Bei den anderen vier weiterhin verschwundenen Kindern geht die Polizei von Kindesentzug aus, das heißt die Kinder wurden von einem Elternteil entführt.

Der Erfolgsdruck, der auf der *Soko Hütte* lastet, nimmt von Tag zu Tag zu, denn die Erfahrung zeigt, je länger ein Kind verschwunden bleibt und je jünger es ist, desto größer ist die Wahrscheinlichkeit, dass es einem Gewaltverbrechen zum Opfer gefallen ist.

Psychologen werden beauftragt, schnellstmöglich einen speziell auf Kinder abgestimmten Fragebogen auszuarbeiten, um die Burbacher Kinder zu befragen.

Die Fragen lauten:

- Ist Pascal ein Freund von dir?
- Wie oft habt ihr euch gesehen?
- Wo habt ihr euch getroffen (zu Hause, Spielplatz, Kindergarten, sonstige Örtlichkeit)?
- Was habt ihr zusammen gemacht?
- Wo gespielt?
- Wo regelmäßig?
- Wo weniger?
- Gibt es Verstecke, die ein Geheimnis sind, von denen Erwachsene nichts wissen sollten?
- Warst du schon zu Hause bei Pascal?
- Hat Pascal etwas von zu Hause erzählt?
- Ist Pascal schon bei dir zu Hause gewesen?
- Gibt es Tiere, die Pascal regelmäßig aufsuchte (von Nachbarn, Verwandten, Freunden)?
- Ist Pascal ängstlich?
- Kann Pascal gut Fahrrad fahren?
- Fährt er regelmäßig mit Helm?
- Wie sieht dieser Helm aus?
- Wer hat schon mal das Fahrrad von Pascal repariert?
- Habt ihr schon gemeinsam etwas angestellt?
- Wenn ja, was?
- Hat das jemand bemerkt?
- Habt ihr da geschimpft bekommen?
- Kennst du Freunde von Pascal (Junge/Mädchen)?
- Was glaubst du, wo Pascal jetzt ist?

Auch diese Befragungen führen zu keiner entscheidenden Spur. Ganz im Gegenteil, die Kinder fühlen sich wie Akteure in einem Krimi und lassen ihrer Fantasie freien Lauf.

Aber nicht nur bei den Kindern, auch bei den Erwachsenen ist der Wunsch, etwas gesehen haben zu wollen, Ausgangspunkt für weitere falsche Hinweise. Dies geschieht einerseits, weil man angesichts der Tragödie irgendwie mithelfen möchte, oft genug aber auch nur, um sich wichtig zu machen und dem Wunsch, einmal im Fokus des öffentlichen Interesses zu stehen.

So soll Pascal am Saarbrücker Hauptbahnhof gesehen worden sein, wie er in einen Zug nach Frankreich gestiegen ist.

Andere haben ihn vor dem Hauptbahnhof in ein schwarzes Auto steigen sehen.

Ein weiterer Zeuge sagt aus, er sei zwischen 17 und 18 Uhr zur Kirmes gegangen. Auf dem Weg dorthin sah er ein größeres rotes und ein kleines blau-gelbes Fahrrad (wie das von Pascal) auf einer Wiese liegen. Als er gegen 19:30 Uhr wieder nach Hause ging, sei das größere Fahrrad verschwunden gewesen.

Könnte das blau-gelbe tatsächlich Pascals Fahrrad gewesen sein? Wenn ja, wo ist es geblieben? Hat es jemand mitgenommen? An der von dem Zeugen angegebenen Stelle wird gar nichts gefunden. Wem das größere Fahrrad gehörte, kann auch nicht ermittelt werden.

Eine Luftballonverkäuferin sagt aus, sie hätte Pascal auf der Kirmes gesehen und ihm einen roten Luftballon geschenkt. Auch andere Kirmesbesucher wollen einen Jungen in Pascals Alter allein auf dem Festplatz gesehen haben. Er sei ihnen aufgefallen, weil es ungewöhnlich ist, ein so kleines Kind allein auf der Kirmes unterwegs zu sehen.

Einer anderen Aussage zufolge soll er in Begleitung seiner beiden Stiefschwestern gesehen worden sein.

Inzwischen sind zwei Wochen seit dem Verschwinden des kleinen Pascal vergangen – ohne jeglichen Ermittlungserfolg. Die *Soko Hütte* steht unter massivem Druck der Öffentlichkeit. Und damit gewinnt die Zeugenaussage, dass Pascal mit seinen beiden Stiefschwestern zusammen auf der Kirmes gesehen wurde, an Bedeutung und entwickelt sich zur ersten heißen Spur.

Die Schwestern

Die beiden 17 und 18 Jahre alten Stiefschwestern Pascals werden, ohne dass ein Elternteil oder Rechtsbeistand anwesend ist, zur selben Zeit, aber in getrennten Räumen beim LKA als Zeugen befragt. Während der Befragung eilen die vernehmenden Beamten von dem einen Raum in den anderen und tauschen sich ständig aus, um die Aussage, die die eine macht, der anderen vorzuhalten.

Die Vernehmung der Mädchen dauert bis weit in die Morgenstunden des nächsten Tages hinein, und es wird enormer Druck auf die beiden Teenager ausgeübt. Sie sind müde und erschöpft und verheddern sich zunehmend in ihren eigenen Aussagen. Doch die vernehmenden Beamten lassen nicht locker, sie brauchen dringend Ergebnisse, und letztendlich scheinen ihre harten Verhörmethoden von Erfolg gekrönt zu sein. Denn tatsächlich sagt die jüngere der beiden Schwestern das aus, was sie hören wollen. Sie gibt zu, dass sie und ihre Schwester doch mit Pascal zusammen auf der Kirmes waren.

Die Aussage der jüngeren Schwester wird der älteren Schwester sofort mitgeteilt. Nach anfänglichem Leugnen gibt nun auch sie zu, mit dem Kleinen auf der Kirmes gewesen zu sein, aber sie hätten ihn beim Autoscooter verloren. Ihre Hoffnung, mit diesem Bekenntnis etwas gesagt zu haben, was die Polizisten hören wollen und nach Hause gehen zu können, erfüllt sich allerdings nicht, denn jetzt geht es erst richtig los.

Warum sie das nicht gleich gesagt habe?

Ihre Schwester und sie hätten Angst gehabt, dass sie Ärger bekommen würden, wenn sie erzählen, dass sie ihn verloren haben. Darum hätten sie verabredet, dass es besser wäre zu sagen, sie hätten ihn an diesem Tag gar nicht gesehen.

Es wird ihr nicht geglaubt und die Befragung geht weiter. Die Beamten meinen, dass noch mehr aus ihr herauszuholen ist und reden beharrlich weiter auf sie ein.

Jetzt merkt die Ältere, dass die Situation für sie aus dem Ruder läuft und ändert ihre Aussage. Sie erzählt, dass sie und ihre Schwester mit Pascal nicht zur Kirmes, sondern zum Hof der

Weyersbergschule gegangen seien. Auf dem Schulhof sei Pascal mit seinem Fahrrad so schwer gestürzt, dass er das Bewusstsein verloren habe. Sie hätten ihn dann mit dem Fahrrad in eine Hecke gelegt und sie und ihre Schwester wären weggegangen.

Die Beamten fahren mit ihr zu der Schule, finden aber weder den Jungen noch sein Fahrrad. Ganz offensichtlich ist diese Aussage falsch. Auf die Frage, warum sie diese Geschichte erzählt hat, antwortet sie: »Das weiß ich nicht.«

Unterdessen geht die Vernehmung der jüngeren Schwester weiter. Zwischendurch fängt sie immer wieder an zu weinen und plappert dabei aus, ihre ältere Schwester sei bestimmt froh, dass Pascal weg ist. Sie hätte ihn nämlich nie gemocht und ihn »Spasti« genannt, weil er nicht so gut laufen konnte wie andere Kinder. Dann erzählt sie weiter, dass sie und ihre Schwester am Nachmittag des 30. September mit zwei Freundinnen vor der *Tosa-Klause* gestanden und sich unterhalten hätten. Pascal sei dazugekommen und habe gesagt, dass er mit ihnen auf die Kirmes gehen möchte. Als die beiden Freundinnen später dazu befragt werden, bestreiten sie dieses Zusammentreffen mit Pascal und den beiden Schwestern. Sie hätten die Schwestern erst um ungefähr 18 Uhr vor dem Bierzelt getroffen und da wäre Pascal nicht dabei gewesen.

Auch auf hartnäckiges Befragen der Beamten beteuert die jüngere Schwester immer wieder, dass sie nicht wisse, wo Pascal ist und was mit ihm geschehen sei.

Die Beamten glauben ihr jedoch nicht, und um aus der immer misslicher werdenden Lage herauszukommen, erfindet sie eine neue Geschichte, die ebenso absurd ist, wie die Geschichte mit der Weyersbergschule:

Sie wären auf dem Spielplatz an der Brunner Straße, in der Nähe des Burbacher Marktes gewesen. Pascal hätte geschaukelt und sie hätte ihn angeschubst. Weil sie ihn zu fest angeschubst habe, sei er von der Schaukel gefallen und hätte geblutet. Er habe um Hilfe gerufen, aber sie hätte ihm nicht helfen können. Mehr wisse sie nicht.

Die Beamten behaupten, da müsse doch noch mehr geschehen sein.

Jetzt ist es wieder an ihr, zu liefern und sie fabuliert weiter, in der Hoffnung, sich irgendwie aus der misslichen Lage befreien zu können: Sie habe Pascal hochgehoben und getragen. Am Burbacher Markt seien sie und ihre Schwester auf die Toilette gegangen und als sie wieder herausgekommen seien, wäre Pascal verschwunden gewesen.

Wo ist Pascal, insistieren die Beamten bei der älteren Schwester. Wurde er vielleicht in die Saar geworfen? Eine Überlegung, die sich anbietet, da der Fluss doch nahe an Burbach vorbeifließt. Sie müsse nur die Stelle anzeigen, wo das geschehen ist, wird sie aufgefordert. Das erschöpfte Mädchen sagt, dass sie das nicht mehr genau wisse.

Die Vernehmung geht mit der Jüngeren weiter und irgendwann im Laufe der langen Nacht beschuldigt diese die Ältere, Pascal etwas angetan zu haben. Und zwar auf dem Spielplatz. Dort habe sie ihn umgeschubst. Pascal sei nach hinten gefallen, das Knie habe geblutet und auch auf den Kopf sei er gefallen.

Während die jüngere Schwester weiter vernommen wird und ihre ältere Schwester belastet, fährt die Polizei mit der Älteren zur Saar. Unterwegs berichtet diese, dass Pascal ohnmächtig geworden sei und sie eine Mund-zu-Mund-Beatmung versucht hätte. Gerade so, wie sie es im Fernsehen schon häufig gesehen hat. Doch Pascal sei nicht wieder zu sich gekommen und dann hätten ihre Schwester und sie ihn in die Saar geworfen – obwohl er noch geatmet habe.

Ihre Schwester soll den Jungen am Kopf gepackt haben, sie selber bei den Füßen, dann hätten sie bis drei gezählt und ihn mit Schwung in die Flussmitte geworfen. Er sei gleich untergegangen, dann wieder aufgetaucht und letztendlich abgetrieben. In welche Richtung wisse sie nicht.

Die Beamten fragen sich, wie ist es möglich sei, dass die beiden Schwestern ihren ohnmächtigen Bruder am Kirmessonntag, an dem auf den Straßen eine Menge los ist, unbemerkt durch Burbach tragen und in die Saar werfen konnten.

Während die ältere Schwester die Geschichte erzählt, dass sie Pascal noch lebend in die Saar geworfen hätten, geht die Vernehmung der jüngeren Schwester immer weiter. Total erschöpft, gibt sie jetzt zu Protokoll, dass ihre Schwester Pascal auf dem

Spielplatz mit einem schweren Gegenstand, vielleicht einem Stück Holz, auf den Kopf geschlagen habe. Sie hätte drei Mal versucht, sie davon abzuhalten.

Pascal hätte nach den ersten Schlägen auf dem Boden gelegen und noch gelebt. Er hätte sie um Hilfe angefleht, aber sie hätte gesagt, dass sie ihm nicht helfen könne. Sie wisse nicht wie. Dann sei sie vom Spielplatz weggegangen, hätte ihre Schwester mit Pascal allein gelassen und sei dann zur Bushaltestelle gegangen und hätte dort eine viertel Stunde gewartet. Ihre Schwester sei dann ebenfalls zur Bushaltestelle gekommen, hätte aber nicht gesagt, was sie mit dem kleinen Bruder gemacht habe. Auf die Frage der Beamten nach der Uhrzeit, sagt sie, es wäre halb sieben abends gewesen

Am nächsten Tag widerruft die ältere Schwester und kehrt zu ihrer ersten Aussage zurück, dass sie Pascal am Sonntag, dem 30. September, nicht gesehen hätten.

Die Jüngere bestätigt ihre gemachte Aussage, dass Pascal geschlagen wurde, und ergänzt diese auf die Nachfragen der Beamten, so wie es von ihr erwartet wird: Der Gegenstand, mit dem die Schwester zugeschlagen habe, sei aus Holz gewesen und etwa 70 cm lang. Er habe auf dem Boden gelegen. Die ältere Schwester habe ihn aufgehoben, zweimal auf den Jungen eingeschlagen und ihn dann wieder weggeworfen.

Wo die Leiche ist, wollen die Ermittler wissen.

Das könne sie nicht beantworten. Aber der Freund der Tante wäre gekommen und habe Pascals Fahrrad auf seinem Motorroller mitgenommen.

Wird sie durch die Pressemeldung, in der der Fahrer des Motorrollers aus Völklingen gesucht wird, auf die Idee gebracht, ebenfalls einen Motorroller in ihrer Geschichte unterzubringen?

Wann das passiert sei, wird sie gefragt und antwortet jetzt, dass es ungefähr 16 Uhr gewesen wäre.

Die Uhrzeit kann nicht stimmen, denn zu dieser Zeit wurde Pascal noch lebend gesehen.

Nach einer Vernehmungspause gibt sie wieder zu, mit Pascal auf der Kirmes gewesen zu sein. Sie hätten hinter dem Autoscooter gestanden und er hätte Karussell fahren wollen. Daraufhin wäre es zum Streit gekommen, bei dem sie ihn gewürgt und getreten hätte. Sie wäre völlig ausgerastet. Ihre Schwester hätte sie mit den Worten »Hör auf, der wird blau« davon abhalten wollen, sie hätte Pascal aber weiter gewürgt und getreten. Sein Kopf wäre zur Seite gefallen. Er hätte auf dem Boden gelegen und die Hand nach ihr ausgestreckt. Sie sei dann weggelaufen. Sie weiß nicht, ob er tot war.

Bei den Vernehmungen der Schwestern, wie sich der Nachmittag des 30. September abgespielt hat, bekommen die Beamten viele verschiedene Varianten zu hören. Für sie ist es letztendlich am wahrscheinlichsten, dass Pascal von der älteren Schwester mit einem Gegenstand aus Holz erschlagen wurde, weshalb sie am 12. Oktober 2001 unter dem dringenden Tatverdacht, Pascal getötet zu haben, festgenommen wird. Gegen die jüngere Schwester ergeht ebenfalls ein Haftbefehl wegen Beihilfe.

Die Ermittlungen der *Soko Hütte* scheinen nach gerade einmal zwei Wochen zu einem Ergebnis geführt zu haben. Das Ergebnis passt auch sauber in die Kriminalstatistik. Diese besagt, dass bei den meisten Straftaten, die an Kindern begangen werden, die Täter im engeren Umfeld und/oder in der Familie zu finden sind.

Vielleicht um ihrer Schwester zu helfen, die sie zuvor so schwer belastet hatte, macht die jüngere, nachdem die Haftbefehle ergangen sind, nun wieder eine neue Aussage: Sie seien zu

MONTAG, 15. OKTOBER

Stief-Schwester in Haft

18-Jährige soll den vermissten Pascal geschlagen haben

Saarbrücken (gräb). Nach fast zwei Wochen intensiver und vergeblicher Suchaktionen nach dem vermissten fünfjährigem Pascal [redacted] aus Saarbrücken-Burbach, an denen zeitweilig mehr als 150 Beamte beteiligt waren, gibt es nun eine Wende: Die Polizei nahm am Samstag die 18-jährige Stiefschwester des vermissten Jungen fest, nachdem diese von ihrer 17 Jahre alten Schwester schwer beschuldigt worden war. Die 18-Jährige soll den schmächtigen Jungen am Sonntag, den 30. September, nach einem Streit mit einem schweren Gegenstand niedergeschlagen und ihn schwer verletzt haben. Die 17-jährige, die Augenzeugin gewesen sein will, habe sich ihren Aussagen zufolge „in Panik von der Örtlichkeit ... Haltestelle auf ei-

Presse-Erklärung. Kurze Zeit späte
die 18-jährige Schwester an die Bush
stelle nachgekommen: Sie habe je
nicht erzählt, was sie nach dem Stre
dem kleinen Pascal gemacht habe.
Die 18-Jährige leugnete gegenüb
Polizei die Tat. Bei ihrer richter
Vernehmung machte sie keine An
Gegen sie wurde am Samstag
Haftbefehl wegen des „dringend
Tötungsdeliktes" e
dachtes eines Tötungsdeliktes" e
Die Polizei setzte am Sonntag i
nehmungen fort. Weitere großa
Suchaktionen nach der Leiche
missten Pascal [redacted] und
Fahrrad fanden nicht statt, w
konkreten Hinweise vorlage
Sprecher Michael Klein erkl
komme es darauf an, die Aussa
Jährigen zu erhärten oder zu v

Saarbrücker Zeitung vom 15. Oktober 2001

dritt auf der Kirmes gewesen und dann sei der Freund der Tante gekommen, hätte ihnen 30 Mark gegeben und Pascal mitgenommen. Er wollte ihn zwei Stunden bei sich behalten, sei aber nicht wieder zurückgekommen. Doch auch diese Aussage widerruft sie später wieder.

Welche Entwicklung der Fall Pascal genommen hat, erfährt die Öffentlichkeit am 15. Oktober 2001. Auf der ersten Seite der *Saarbrücker Zeitung* steht:

> »Stiefschwester in Haft – 18-Jährige soll den vermissten Pascal geschlagen haben
> ... die Polizei nahm am Samstag die 18-jährige Stiefschwester des vermissten Jungen fest, nachdem diese von ihrer 17 Jahre alten Schwester schwer beschuldigt worden war. Die 18-Jährige soll den schmächtigen Jungen am Sonntag, den 30. September, nach einem Streit mit einem schweren Gegenstand niedergeschlagen und ihn schwer verletzt haben. Die 17-Jährige, die Augenzeugin gewesen sein will, habe sich ihren Aussagen zufolge ›in Panik von der Örtlichkeit entfernt und an einer Haltestelle auf einen Bus gewartet‹ ...
> ... Die 18-Jährige leugnete gegenüber der Polizei die Tat. Bei ihrer richterlichen Vernehmung machte sie keine Angaben. Gegen sie wurde am Samstagnachmittag Haftbefehl wegen des ›dringenden Verdachtes eines Tötungsdeliktes‹ erlassen.
> Die Polizei setzte am Sonntag ihre Vernehmungen fort. Weitere großangelegte Suchaktionen nach der Leiche des vermissten Pascal [...] und seinem Fahrrad fanden nicht statt, weil keine konkreten Hinweise vorlagen ...«

Am 18. Oktober 2001 erreicht der inzwischen engagierte Anwalt der beiden Schwestern, dass der Haftbefehl seiner Mandantinnen gegen Meldeauflagen aufgehoben wird. Er erhebt schwere Vorwürfe gegenüber der *Soko Hütte* wegen der Vorgehensweise bei den Vernehmungen.

Obwohl die Aussagen der Schwestern ständig in eine andere Richtung führen und man auch keinerlei Anhaltspunkte oder

Spuren an den genannten Örtlichkeiten findet, bleibt der Verdacht gegen sie bestehen.

Als Nächstes wird eine 15-jährige Schülerin als Zeugin befragt, die die jüngere Schwester aus der Schule kennt. Sie sagt aus, dass sie den Schwestern von Pascal und anderen Freundinnen begegnet sei. Sie hätten am Autoscooter gestanden und seien anschließend über den Festplatz spaziert.

Ob Pascal dabei gewesen sei?

Die Schülerin verneint dies.

Daraufhin wird ihr entgegengehalten, dass ein Mitschüler aber gesehen haben will, wie sie bei den beiden Schwestern und Pascal gestanden hätte.

Als sie erneut verneint, wird nachgehakt: Warum sie nicht die Wahrheit sage, schließlich wäre sie doch gesehen worden?

Daraufhin verheddert sie sich in der Reihenfolge, mit welchen Freundinnen sie wann und wo auf der Kirmes zusammen war. Den Mitschüler, der sie mit den beiden Schwestern und Pascal gesehen haben will, hat sie nicht gesehen, sagt sie zuerst aus. Dann, als der Vernehmungsdruck steigt, gibt sie doch zu, dass sie ihn gesehen hat.

Die Beamten werfen ihr jetzt vor, dass alles, was sie sage, gelogen sei. Denn wenn sie in dem einen Punkt nicht bei der Wahrheit geblieben ist, wieso soll man ihr dann die anderen Aussagen glauben? Und ob sie vielleicht nicht doch etwas mit Pascals Verschwinden zu tun habe?

Die 15-Jährige bricht in Panik aus. Nein, sie hat nichts mit dem Verschwinden des Jungen zu tun. Und um nicht selbst in Verdacht zu geraten, wiederholt sie, was Tage zuvor schon in der Zeitung stand und somit allgemein bekannt ist, nämlich, dass die ältere Schwester Pascal erschlagen habe. Und fügt, nachdem die vernehmenden Beamten nicht locker lassen, noch eigene Details hinzu, immer in der Hoffnung, die Beamten zufriedenzustellen und nach Hause gehen zu können. Das geht so weit, dass sie aussagt, die jüngere Schwester habe ihr mit Schlägen gedroht, falls sie jemandem etwas von dem Mord an Pascal verraten würde. Weiter gibt sie zu Protokoll, dass Pascal von der älteren Schwester mit einer Eisenstange erschlagen wurde. Und zwar auf der Burbacher Seite der Brücke, die über die Saar führt. Sie seien mit dem Kleinen dort hingegangen, weil die

Schwestern ihr zeigen wollten, wie man jemanden umbringt. Sie habe aber zuerst geglaubt, dass man sie verarschen wolle. Als die ältere Schwester dann eine Eisenstange aus ihrer Tasche gezogen und damit auf Pascal eingeschlagen habe, sei sie davongerannt. Sie habe ihn, während sie davongerannt ist, noch schreien gehört.

Auf der angegebenen Brücke finden die Kriminaltechniker keinerlei Spuren, die auf ein solches Verbrechen hindeuten würden.

Später, bei einem Ortstermin widerruft die 15-Jährige ihre Aussage und auf dem Protokoll, das sie unterschreiben soll, vermerkt sie, dass alles falsch ist.

Der Schüler, der die 15-Jährige mit Pascal und den beiden Schwestern auf der Kirmes gesehen haben will, gibt nun auch zu, dass er gelogen hat und sich mit seiner Aussage nur wichtig machen wollte.

Man fragt sich immer wieder: Warum gestehen Menschen Verbrechen, die sie nicht begangen haben und erfinden komplizierte Tatabläufe, die sich so unmöglich abgespielt haben können?

In einem Artikel aus dem Jahr 2007, erschienen in der Zeitschrift *Gehirn & Geist*, gehen Saul M. Kassin, Professor für Psychologie am Williams College in Massachusetts und Gisli H. Gudjonsson, Professor für forensische Psychologie am King's College in London, dieser Frage nach:

> »... warum gesteht jemand ein Verbrechen, das er gar nicht begangen hat? Wissenschaftlichen Untersuchungen zufolge spielt dabei ein komplexes Gefüge psychologischer Faktoren eine Rolle. Ein häufiges Motiv ist der Wunsch nach Aufmerksamkeit oder Berühmtheit ... Weitere mögliche Beweggründe sind neben der Sehnsucht nach Aufmerksamkeit: das bewusste oder unbewusste Bedürfnis, die Schuld an früherem Fehlverhalten zu sühnen; die Unfähigkeit, zwischen Realität und Fantasie zu unterscheiden; oder auch der Wunsch, den wirklichen Täter zu schützen.
> Andere Verdächtige gestehen aus Nachgiebigkeit oder um ein bestimmtes Ziel zu erreichen. Sie wollen einer Zwangslage entrinnen, einer realen oder vermeintlichen Bedrohung entgehen oder eine versprochene Belohnung einstreichen.

> Müde, verwirrte oder leicht beeinflussbare Menschen beginnen in Verhören manchmal selbst zu glauben, das fragliche Verbrechen begangen zu haben, insbesondere wenn sie mit falschem Beweismittel konfrontiert werden.«

Kassin und Gudjonsson führen in ihrem Artikel das Beispiel des 18-jährigen Peter Reilly aus dem US-Bundesstaat Connecticut an. Er lebt in desolaten Verhältnissen. Seinen Vater kennt er nicht. Seine Mutter, mit der er alleine lebt, hat immer wieder wechselnde Liebhaber, die zu ihr nach Hause kommen, und sie spricht dem Alkohol zu.

Reilly kommt eines Nachts im Jahr 1973 nach Hause und findet seine Mutter ermordet auf. Ihr wurde die Kehle durchgeschnitten und in ihrer Vagina steckt eine Flasche.

Der junge Mann ruft die Polizei. Im Laufe der Ermittlungen gerät er selbst unter Mordverdacht. Während des Verhörs wird er unter anderem damit konfrontiert, dass ihn der Test mit dem Lügendetektor überführt hätte (ein Verhörtrick). Er sei also schuldig, auch wenn er keine Erinnerung mehr an die Tat habe.

Daraufhin gibt er tatsächlich zu, seine Mutter ermordet zu haben. Mehr noch, er glaubt sogar selbst, dass er der Mörder seiner Mutter ist. Diese »Gewissheit« ist offenbar so präsent, dass er sogar die Tat in allen Einzelheiten beschreiben kann: Mit einer Rasierklinge, die er üblicherweise zum Modellbau benutzt, habe er seiner Mutter die Kehle durchgeschnitten.

Bei der Suche nach dem Motiv werden die Ermittler bei dem österreichischen Psychoanalytiker Sigmund Freud fündig und attestieren dem jungen Mann einen Ödipus-Komplex (Ödipus war eine tragische Gestalt aus der griechischen Mythologie, der ohne es zu wissen, seine Mutter heiratete und auch Kinder mit ihr hatte. Nach Freud bedeutet der Ödipus-Komplex eine unnatürliche Fixierung eines Jungen auf seine Mutter).

Fünf Jahre verbringt Reilly daraufhin im Gefängnis. Zu seinem großen Glück gibt es Unterstützer, zu denen auch der Dramatiker Arthur Miller gehört, die sich für seine Unschuld und seine Freilassung einsetzen. Und tatsächlich finden sich Beweise, die eindeutig belegen, dass Reilly am Tod seiner Mutter unschuldig ist, sowie ein Zeuge. Ein Polizeibeamter und seine Frau versichern eidesstattlich, dass sie ihn zum Zeitpunkt der Tat mehrere Meilen vom Tatort entfernt gesehen haben.

Ein Beispiel, das räumlich und zeitlich näher liegt, ist die Ermordung des elf Jahre alten Tobias aus Weil im Schönbuch / Kreis Böblingen. Der Junge wird am 30. Oktober 2000 an einem Weiher tot und verstümmelt aufgefunden. Seine Leiche weist insgesamt 37 Messerstiche auf. Außerdem hat ihm der Täter post mortem den Penis abgetrennt.

Ein 16-Jähriger aus dem Ort macht sich schon nach wenigen Tagen verdächtig. Er gibt Interviews und prahlt mit seinem Wissen über die Tat und den Tatort. Die Polizei glaubt in seinen Aussagen Täterwissen zu erkennen und verhaftet ihn. Nach seiner Verhaftung gesteht der geistig eingeschränkte und in sozial schwachem Milieu lebende Junge den Mord. Widerruft aber später sein Geständnis.

Nachdem die fremden Blutreste an Jacke und Unterhose des toten Tobias dem 16-Jährigen nicht zugeordnet werden konnten und es auch keine anderen Sachbeweise gibt, die auf eine Täterschaft des 16-Jährigen hindeuten, wird er wieder auf freien Fuß gesetzt. Der wahre Täter wird elf Jahre später festgenommen.

Ein weiteres Beispiel dafür ist auch der Fall Rudi R. In der Nacht vom 12. auf den 13. Oktober 2001 verschwindet der Bauer Rudi R. aus dem oberbayerischen Heinrichsheim nach einem Wirtshausbesuch spurlos.

Der Landwirt war Zeit seines Lebens bekanntermaßen ein jähzorniger, zur Gewalt neigender Mann, der auch seine Familie nicht schonte. Es lag daher nahe, dass seine Familie etwas mit seinem Verschwinden zu tun haben könnte.

Die Ehefrau, die beiden Töchter und der Schwiegersohn in spe werden daraufhin vernommen. Alle vier geistig Minderbegabten gestehen, an dem Mord beteiligt gewesen zu sein und geben im Laufe der Vernehmungen und Ortstermine immer grausamere und hanebüchenere Details an:

So soll Rudi R. von seiner Frau und seinem Schwiegersohn in spe erschlagen worden sein. Die Töchter hätten die Tat durch lautes Rufen befeuert. Anschließend habe der junge Mann der Leiche im

Keller Arme und Beine abgetrennt, den Bauch aufgeschlitzt und die Organe entnommen. Er schildert in der Vernehmung explizit, wie er mit einem leeren Joghurtbecher das Blut des Opfers in einen Eimer schöpfte. Anschließend habe er den Kopf abgetrennt, ausgekocht und zerkleinert. Die fleischlichen Überbleibsel des Ermordeten bekamen die Hofhunde zu fressen, die Knochen und die Innereien habe man auf den Misthaufen geworfen.

Vor Gericht widerrufen alle vier ihre Geständnisse zwar, sie werden aber trotzdem wegen Totschlag, beziehungsweise Beihilfe zu mehrjährigen Haftstrafen verurteilt.

Im März 2009 wird zufällig ein Mercedes in der Donau entdeckt und an Land gezogen. Hinter dem Steuer sitzt die skelettierte ansonsten jedoch unversehrte Leiche von Rudi R., der wohl nach seinem Wirtshausbesuch mit dem Wagen von der Straße abgekommen und in den Fluss gestürzt war.

Die beiden Schwestern Pascals bleiben, dank der Intervention ihres Verteidigers gegen Meldeauflagen auf freiem Fuß und können nach Hause zu ihrer Mutter zurückkehren.

Aufgehoben wird der Haftbefehl gegen sie trotz all der Ungereimtheiten in den Aussagen und dem völligen Fehlen von Sachbeweisen jedoch erst am 26. März 2003. Bis zum Februar 2004 dauert es, bis das Ermittlungsverfahren gegen sie eingestellt wird. Und das, obwohl schon ab Ende 2002 die Ermittlungen der *Soko Hütte* in eine ganz andere Richtung laufen.

Unter Tatverdacht geraten sind dann Anneliese W. aus Riegelsberg, Wirtin der *Tosa-Klause*, einer kleinen Kneipe an der Hochstraße in Burbach, sowie eine Gruppe von 13 Alkoholikern und Debilen, die in der *Tosa-Klause* verkehren und als Stammgäste bezeichnet werden können. Es handelt sich um Menschen am äußersten Rand der Gesellschaft, die zur falschen Zeit am falschen Ort waren und später die *Tosa-Gemeinschaft* genannt werden.

Wie schon beim Verdacht gegen Pascals Stiefschwestern gibt es auch bei den neuen Verdächtigen keinerlei Sachbeweise. Wieder stützen sich die Ermittlungen einzig und allein auf diverse fragwürdige Aussagen und dubiose Geständnisse, die dann widerrufen werden.

Kevin und Sabine M.

Im März 2002 wird die *Soko Hütte* auf ein Mindestmaß an Polizeibeamten reduziert. Die letzte große Suchaktion findet Anfang März 2002 statt, bei der das Rückhaltebecken nahe der Gersweiler Brücke vom THW entleert wird. 18 000 Liter Wasser werden bei dieser Aktion abgepumpt – wieder ohne Ergebnis.

Inzwischen ist über ein Jahr vergangen, seit der kleine Pascal spurlos verschwunden ist, da steht in der *Saarbrücker Zeitung* vom 20. November 2002 folgender Artikel:

> »Kleines Kind jahrelang missbraucht
> Polizei nimmt bei Großaktion vier Tatverdächtige fest
> Riegelsberg/Forbach. Wegen des Verdachts, ein Kleinkind jahrelang sexuell missbraucht zu haben, wurden gestern bei einer groß angelegten Polizeiaktion, an der sich 80 Beamte beteiligten, vier mutmaßliche Täter festgenommen. Bei den Festgenommenen handelt es sich um zwei Frauen im Alter von 49 und 38 Jahren aus Riegelsberg sowie zwei Männer, 45 und 60 Jahre alt, aus Riegelsberg und Forbach. Zudem durchsuchte die Polizei in Saarbrücken-Burbach, Riegelsberg und im französischen Forbach insgesamt sieben Wohnungen, Häuser, Gaststätten sowie ein Wochenendhaus, die mit der Tat beziehungsweise den Beschuldigten in Zusammenhang stehen.
> Daneben beschlagnahmten die Ermittler drei PKW, die den Tatverdächtigen gehören. Bei den Durchsuchungen wurde Beweismaterial gefunden und sichergestellt. Die Polizeiaktion war Ergebnis von wochenlangen Ermittlungen einer Sonderkommission, die unter dem Namen *Soko Riegel* eigens bei der Kriminalpolizei-Inspektion Saarbrücken eingerichtet worden war. Die festgenommenen Frauen und Männer stehen nach Angaben der Polizei im dringenden Verdacht, einen heute siebenjährigen Jungen mindestens von dessen dritten bis zum fünften Lebensjahr massiv

> sexuell missbraucht, körperlich misshandelt und auch der Prostitution zugeführt zu haben.
> Der Junge, der gegenüber seiner derzeitigen Pflegemutter erstmals über die an ihm verübten sexuellen Übergriffe berichtete, wurde von einer erfahrenen Kriminalbeamtin unter Beteiligung einer Aussage-Psychologin mehrmals umfassend zu seinen Erlebnissen befragt. Die hierbei gewonnenen Erkenntnisse gaben den Ausschlag für die gestern vollstreckten Haftbefehle sowie die verschiedenen Durchsuchungen. Derzeit finden nach Polizeiangaben weitere intensive Ermittlungen und Vernehmungen hinsichtlich weiterer Tatverdächtiger, Zeugen und möglicher Opfer statt. Ebenso müssten zuerst die bei den Wohnungsdurchsuchungen sichergestellten Beweismittel ausgewertet werden. Daher gab die Polizei vorerst keine weiteren Auskünfte zum Ermittlungsstand.«

Nun gerät eine Lawine unvorstellbaren Ausmaßes ins Rollen, ausgelöst durch Simone F., der Pflegemutter des im obigen Artikel erwähnten Jungen. Die ebenfalls erwähnte 38-jährige Frau, die bei dieser Polizeiaktion verhaftet wird und der man vorwirft, den Jungen sexuell missbraucht, körperlich misshandelt und der Prostitution zugeführt zu haben, ist Sabine M., seine leibliche Mutter.

Viele Namen gibt man diesem Jungen, um ihn vor der Öffentlichkeit zu schützen und ihm ein einigermaßen normales Leben zu ermöglichen. Man nennt ihn Kevin, Tobias, Karl und Andi.

Meistens nennt man ihn Kevin und so soll er auch hier genannt werden. Geboren wird er im Januar 1995 als fünftes Kind von Sabine. Seine vier Halbgeschwister lernt er nie kennen. Sie werden seiner geistig minderbemittelten Mutter, die Gelegenheitsprostituierte ist und die Namen der Väter ihrer Kinder nicht kennt, vom Jugendamt gleich nach der Geburt weggenommen und zur Adoption freigegeben.

Ihren Sohn Kevin darf sie behalten, denn zum Zeitpunkt seiner Geburt lebt sie in halbwegs geordneten Verhältnissen im Haus von Anneliese W. in Riegelsberg. Da Sabine M. aufgrund ihrer unterdurchschnittlichen Intelligenz lebensuntüchtig ist, wird Anneliese W. zu ihrem Vormund bestellt und sie wird nach Kevins Geburt auch dessen Vormund.

Sabines Leben spielt sich, seit sie 1964 in Neunkirchen zur Welt kommt, am äußersten Rand der Gesellschaft ab. Als Kind schiebt man sie von Heim zu Heim, von Pflegefamilie zu Pflegefamilie, bis ihre Mutter Inge M., ebenfalls eine Prostituierte, sie Anfang der achziger Jahre widerstrebend in ihrer Zwei-Zimmer-Wohnung im Homburger Stadtteil Beeden aufnimmt. Mutter und Tochter gehen jetzt gemeinsam auf Sauftour und Männerfang.

Sabine M. ist 20 Jahre alt, als ihre Mutter in ihrer Wohnung *Im Höfchen* in Beeden, wo die beiden inzwischen zusammen wohnen, brutal ermordet wird.

Es ist Freitag, der 23. März 1984. Gegen 11:30 Uhr verlassen Sabine und Inge M. die Wohnung und fahren in Begleitung eines Nachbarn mit dem Bus in die Homburger Innenstadt. Ein beliebter Treffpunkt ist der Platz vor dem Kaufhaus *Prisunic* – heute Christian-Weber-Platz. Dort treffen die beiden auf Gleichgesinnte.

Wie so oft streiten sich Mutter und Tochter heftig. Es wird viel Alkohol getrunken. Sabine M. trinkt an diesem Tag so viel, dass sie wegen des Verdachts auf eine Alkoholvergiftung in die Homburger Uni-Klinik gebracht werden muss. Ihre Mutter begleitet sie dorthin und liefert sie in der Notaufnahme ab. Sabine M. wird stationär aufgenommen, und das Pflegepersonal bittet ihre Mutter, am nächsten Tag frische Wäsche für ihre Tochter ins Krankenhaus zu bringen. Sie verspricht, dies zu tun.

Zwischen 18:30 und 19 Uhr kommt Inge M. an diesem Tag von der Klinik zurück zum Prisunic-Platz, um ihre Einkaufstüten zu holen. Der Nachbar, mit dem sie am Vormittag nach Homburg gefahren ist, sitzt noch dort. Vielleicht hat er auf sie gewartet oder auf ihre Einkaufstüten aufgepasst. Jedenfalls fährt sie mit ihm zurück nach Beeden. Er begleitet sie noch bis zu ihrer Wohnung und geht dann weiter zu sich nach Hause.

Am nächsten Tag wird von der Uni-Klinik vergeblich versucht, Sabine M.'s Mutter zu erreichen. Die frische Wäsche für ihre Tochter wird dringend benötigt. Ein weiterer Tag vergeht. Es ist ein Sonntag. Wieder wird vergebens bei Inge M. in Beeden angerufen. Letztendlich wird Inge M.'s Schwester angerufen und gebeten, bei ihr vorbei zu gehen, frische Wäsche für ihre Tochter zu holen und in die Klinik zu bringen. Die Schwester klingelt an Inge M.'s Wohnung, aber diese macht nicht auf. Die Schwester fragt bei einem

Nachbarn im Haus nach. Der Nachbar hat zwar einen Schlüssel, weigert sich aber, die Wohnungstür zu öffnen. Schließlich wird die Polizei gerufen, die die Wohnungstür aufmacht.

Im Wohnzimmer machen die Beamten eine grausige Entdeckung. Auf dem Fußboden liegt die übel zugerichtete Leiche der Inge M. – entblößt und in einer großen Blutlache.

In einer Zeitungsmeldung der *Saarbrücker Zeitung* vom 26. März 1984 wird das grauenvolle Verbrechen im beschaulichen Beeden so beschrieben:

> »Polizei sucht Mörder einer 48-Jährigen
> ... Inzwischen wurde im Gerichtsmedizinischen Institut in Homburg eine Untersuchung durchgeführt. Dabei wurde festgestellt, dass die 48-Jährige offensichtlich Opfer eines außerordentlich brutalen Täters wurde. Sie wies mehrere Würgemale am Hals, Stichverletzungen am Oberkörper, großflächige Verletzungen, die vermutlich mit einem Werkzeug mit Wellenschliff verursacht wurden, am Unterkörper sowie weitere Verletzungen auf. Nach dem Ergebnis der Obduktion hat der Täter auch versucht, mit einer Schnur das Opfer zu erdrosseln. Mehrere der festgestellten Verletzungen waren tödlich, so die Polizei ...«

Der Gerichtsmediziner bestimmt als Tatzeitpunkt den 24. März 1984 gegen 20 Uhr.

Sabine M.'s damaliger Freund gerät in Verdacht, der Mörder zu sein. Er wird auch verhaftet und angeklagt. Wird aber wieder freigesprochen, weil man ihm die Tat nicht nachweisen kann. Da Sabine M. zum Zeitpunkt der Tat aufgrund ihres Aufenthaltes in der Homburger Uni-Klinik ein Alibi hat, scheidet sie von vorneherein als Verdächtige aus. Der wahre Täter wurde bis heute nicht gefunden.

Nach dem Klinikaufenthalt wird Sabine M. beim Gesundheitsamt Homburg amtsärztlich untersucht und eine Oligophrenie wird diagnostiziert – Oligophrenie ist eine angeborene oder im frühen Kindesalter erworbene Geistesschwäche. Betroffene haben einen Intelligenzquotienten, der unter 70 liegt.

Zum Krankheitsbild der Oligophrenie gehören ein gesteigerter Sexualtrieb und auch ein Hang zur Konfabulation. Unter letzterem versteht man das Erzählen von frei erfundenen beziehungsweise falschen Begebenheiten oder Informationen, die nichts mit der Realität zu tun haben, die die Betroffenen jedoch, während sie sie erzählen, für wahr halten.

Nach dieser Diagnose wird sie erst einmal in die Psychiatrie in Merzig eingewiesen.

Danach lebt Sabine M. mal in verschiedenen sozialen Einrichtungen, mal auf der Straße. Verdient sich ihren Lebensunterhalt mit dem, was sie von ihrer Mutter gelernt hat, nämlich der Prostitution.

Irgendwann wird sie auf der Straße zwischen Saarbrücken und Saarlouis von einem Mann aufgegabelt, der sie mit zu sich nach Hause nimmt. Als er genug von ihr hat, setzt er sie einfach bei seiner Schwester Anneliese W. in Riegelsberg ab und verspricht, sie irgendwann wieder abzuholen, was er aber nie tun wird.

Anneliese W. nimmt Sabine M. bereitwillig auf. In ihrem Haus findet Sabine M. zum ersten Mal so etwas wie Geborgenheit, auch wenn es oft zu Streitereien kommt und Sabine M. zwischendurch immer wieder einmal zu irgendeinem Freier zieht. Sie bleibt, mit einigen Unterbrechungen bei Anneliese W. und nennt die gerade mal elf Jahre ältere Frau ihre Mutsch.

Anneliese W. war viermal verheiratet und hat zwei Söhne. Ihr Intelligenzquotient liegt über 130 – einem sehr hohen Wert. Von ihren Eltern wird das mit einem schweren Hüftschaden geborene Mädchen überhaupt nicht gefördert. Sie ist seit ihrer Geburt gehbehindert. Auch 13 Hüftoperationen haben daran nichts geändert. Trotz allem versucht sie, etwas aus ihrem Leben zu machen. Sie besucht eine Abendschule, lernt Stenografie und Schreibmaschineschreiben und arbeitet danach in einem Büro. Sie versucht sich auch als Taxifahrerin und wird schließlich Wirtin. Sie ist tüchtig und hat Geschäftssinn.

1993 übernimmt Anneliese W. die Vormundschaft für Sabine M.. Sie sorgt dafür, dass Sabine Sozialhilfe beantragt und verwaltet das Geld, das zum Teil auch für Kost und Logis aufgebraucht wird. Den Rest zahlt Anneliese W. Sabine M. als Taschengeld aus. Sabine M. hilft ab und zu in der *Tosa-Klause* mit und prostituiert sich weiterhin.

Im Januar 1995 kommt ihr Sohn Kevin zur Welt und Sabine M. darf ihn behalten. Als der Junge drei Jahre alt ist, stellt man eine Entwicklungsverzögerung bei ihm fest, und von da an besucht er vormittags einen Sonderkindergarten der Lebenshilfe. Möglich, dass er die Geistesschwäche von seiner Mutter geerbt hat.

Sabine M.'s Aufgabe ist es, den Jungen vormittags zu versorgen, zu waschen, anzuziehen, ihm sein Frühstück zuzubereiten und ihn in den Kindergarten zu bringen. Da sie mit sich selbst aber kaum zurecht kommt, ist sie alles andere als eine ideale Mutter und Anneliese W. kommt hier ihrer Fürsorgepflicht ebenso wenig nach.

Sabine M. schickt ihren Sohn oft unzureichend gekleidet in den Kindergarten. Sie achtet wenig auf Hygiene und einmal, so eine Erzieherin, bringt er verschimmeltes Brot von zu Hause mit. Nachmittags ist Kevin oft mit Anneliese W. zusammen, geht mit ihr einkaufen, zur Bank und sie nimmt ihn mit in die *Tosa-Klause*.

Der Junge ist auf dem linken Auge fast blind, da versäumt wird, die Fehlstellung des Auges von einem Augenarzt korrigieren zu lassen. Durch einfaches Abkleben des einen Auges schon im Kleinkindalter ist es möglich, die Sehkraft des anderen zu stärken und zu erhalten.

In Anneliese W.'s Haus in Riegelsberg leben auch noch ihr jüngster Sohn und andere, gestrauchelte Menschen, die sonst nirgendwo einen Platz fänden. Sie heißen Paul, Bernd und Hannes. Es wird behauptet, die intelligente Anneliese W. nutze deren Einfältigkeit aus und nähme ihnen das bisschen Geld weg, das sie vom Sozialamt bekommen.

Die bekannte Journalistin Gisela Friedrichsen, die Anneliese W. und auch Sabine M. persönlich kennengelernt hat, vertritt in ihrem Buch »Im Zweifel gegen die Angeklagten« eine andere Sicht:

> »... das Bad wird von allen benutzt. Und im Esszimmer im Erdgeschoss wird gemeinsam gefrühstückt und zu Abend gegessen, manchmal sieht man zusammen fern. Anneliese [Anm.: Name durch die Autorin geändert] kocht täglich für alle, und wer nicht rechtzeitig kommt, dem stellt sie das Essen zurück. Jeder zahlt für Kost und Logis 250 Euro, alle übrigen

Kosten – Müllabfuhr, Strom, Heizung und so fort – trägt sie... Sie verwaltet das Geld einiger ihrer Mieter, weil sie die Einzige ist, die zu wirtschaften versteht... Reich wird dabei niemand, aber man kommt über die Runden.«

Anneliese W. ist definitiv die unumschränkte Chefin bei sich zu Hause und in der *Tosa-Klause*. Anders würde das Zusammenleben auch gar nicht funktionieren. Ihr Leumund ist so gut, dass sie Ende der neunziger Jahre sogar als Schöffin beim Saarbrücker Jugendgericht tätig ist.

Viel Zeit verbringt der kleine Kevin in seinem zweiten Zuhause, der *Tosa-Klause*, in der sich auch eine winzige, fensterlose Abstellkammer befindet, in der seine Mutter immer wieder mit Männern für kurze Zeit verschwindet. In diesem Kämmerchen, in dem neben einer Pritsche auch Getränkekisten und Putzzeug untergebracht sind, hält der Kleine auch oft seinen Mittagsschlaf.

Kevin wächst mit einer Mutter auf, die ihn auf ihre einfache Art liebt, jedoch mit seiner Erziehung vollkommen überfordert ist, und er lebt zwischen Menschen, auf die der Rest der Gesellschaft mit Geringschätzung herabblickt.

Zu dieser Zeit geht es wohl um Erbstreitigkeiten zwischen Anneliese W. und ihrem Bruder, wobei auch Neid und Eifersucht auf die tüchtige, intelligente Schwester eine Rolle gespielt haben dürften, der Bruder schwärzt seine Schwester beim Jugendamt an.

Vernachlässigung und Misshandlung eines Schutzbefohlenen lauten die Vorwürfe. Ihr Bruder gibt auch an, dass Anneliese W. den kleinen Kevin, als er noch ein Baby war, als Drogenkurier benutzt habe. In seinen Windeln habe sie für ihren ältesten Sohn Rauschgift ins Gefängnis geschmuggelt. Ermuntert durch den Bruder finden sich auch andere »Zeugen«, die etwas gesehen haben wollen, zum Beispiel, dass Kevin sich vor lauter Hunger im Haus in Riegelsberg mit einem Hund um einen Knochen gebalgt hat. Auf die Idee, dass das Kind mit dem Hund gespielt haben könnte, scheint niemand zu kommen.

Im Januar 2001, der kleine Kevin ist gerade im Kindergarten, bekommt Anneliese W. einen Anruf vom Jugendamt, dass er nicht mehr nach Hause zurückkehren, sondern in einer Pflegefamilie untergebracht werden wird.

Die Vorwürfe, die sich Anneliese W. anhören muss, wiegen schwer: Das Kind würde geschlagen und eingesperrt, müsse sich in kalten Räumen aufhalten, bekomme verdorbenes Essen, keine saubere Kleidung, müsse Alkohol in der Kneipe trinken und rauchen. Von sexuellem Missbrauch ist nicht die Rede.

Weder in den Anschuldigungen des Bruders, noch in den Berichten der ersten Pflegefamilie oder denen der Erzieherinnen im Kindergarten war je von irgendwelchen verbalen Auffälligkeiten oder sexualisiertem Verhalten des Jungen Kevin die Rede.

Das ändert sich, als er in die Obhut von Simone F. kommt. Die examinierte Krankenschwester, Ehefrau und vierfache Mutter hat schon mehrere Pflegekinder betreut. Zuletzt bekam sie 1997 ein schwerkrankes Mädchen zur Pflege, das im März 2001 im Alter von vier Jahren stirbt. Simone F. möchte wieder ein Pflegekind aufnehmen, aber dieses Mal soll es kein Kind sein, unter dessen Schicksal ihre Familie leiden muss.

Der kleine Kevin wird ihr angeboten. Ab August 2001 lernt die Familie den Jungen kennen. Sie gehen unter Aufsicht einer Mitarbeiterin des Jugendamtes zusammen in den Tierpark. Kevin kommt später stundenweise zu Besuch und bleibt auch einmal über Nacht. Simone F.'s erster Eindruck von dem Kleinen ist sehr positiv. Sie bezeichnet ihn als Sonnenschein, und sie und ihre Familie entschließen sich, ihn als Pflegekind aufzunehmen.

Zur ersten Auffälligkeit kommt es im Juli 2002. Simone F.'s jüngstes Kind, ein vierjähriges Mädchen und Kevin spielen im Garten beim Pool. Die Kleine ist nackt. Simone F. hört, wie ihre Tochter schimpft, dass er aufhören soll. Simone F. geht nach draußen und sieht, dass Kevin auf dem Mädchen liegt. Sie interpretiert das Verhalten nicht als Balgerei unter Kindern sondern als sexuellen Akt.

Simone F. ist besorgt, denn sie weiß aus welchem Milieu B. kommt und welcher Beschäftigung seine Mutter nachgeht. Sie fürchtet, dass er Dinge gesehen hat, die nicht für die Augen eines Kindes in seinem Alter bestimmt sind, oder dass mit ihm gar noch Schlimmeres passiert ist. Auffällig findet sie auch seine Neigung, sich vor anderen auszuziehen. So auch vor ihren Töchtern.

Eines Tages kommt Simone F.'s Sohn nach Hause und berichtet, dass er von Freunden erfahren habe, Kevin hätte sich beim

Sportplatz vor ihnen ausgezogen. Sie spricht ihn darauf an und erhält zur Antwort, dass die Männer gesagt hätten, er solle das tun. Und auf weitere Nachfrage erzählt er, dass es keine Männer vom Sportplatz waren, sondern die Männer aus der *Tosa-Klause.*

Simone F. sucht Hilfe bei der Lebensberatung der *Caritas*. Dort rät man ihr, dem Kind Gesprächsangebote zu machen, was Frau F. ab August sofort in die Tat umsetzt.

Damit beginnen die vielen leidvollen Gespräche zwischen Kevin und Simone F., zuerst handschriftlich festgehalten und später auf Tonband. Um die übrigen Familienmitglieder nicht unnötig zu involvieren, finden diese Gespräche in den Abendstunden statt.

Auch die Kripo wird jetzt von Simone F. darüber informiert, dass Kevin sexuell verhaltensauffällig sei und erstattet in diesem Zusammenhang Anzeige gegen Anneliese W. und Sabine M.

Was in den folgenden Monaten zwischen Kevin und seiner Pflegemutter geschieht, beschreibt Professor Max Steller, einer der führenden deutschen Rechtspsychologen in einem Interview, das er Liane von Billerbeck 2009 im Deutschlandradio Kultur gibt:

> »... Diese Verbindung von dem lebenden Jungen und dem verschwundenen Pascal ist in Dauerbefragungen dieses siebenjährigen, in der Entwicklung zurückgebliebenen Jungen entstanden, die seine Pflegemutter allabendlich mit ihm über ein halbes Jahr lang durchführte, nachdem der Junge ihr durch – sage ich mal – ›sexuell wirkendes‹ Verhalten aufgefallen war. Beim Baden im Swimmingpool an einem heißen Sommertag hat sie ihn dann auf der eigenen vierjährigen Tochter wieder gefunden ....
> Nach Aktenlage hat sie vielleicht selbst noch gar nicht das geschlussfolgert. Sie hat den Gedanken gefasst, ist in diesem Gedanken dann durch eine Beratungsstelle bestärkt worden und hat durch diese Beratungsstelle auch die falschen Ratschläge bekommen zu der Befragung des Jungen. Und dann ist es eben in einer sehr psychologisierenden, den Jungen beeinflussenden Weise zu Dauerbefragungen gekommen – mit dem Produkt, dass dieser Junge nach langen, langen Wochen immer

drastischere, immer schlimmer werdende Missbrauchsschilderungen machte, die zum Teil auch sehr irrealen Charakter bekamen.«

In der Folge ist Simone F. bezüglich ihres Pflegesohnes in ständigem Kontakt und Austausch mit der Kripo.

Am 24. Oktober 2002 wird Kevin zum ersten Mal, im Beisein der Pflegemutter und einer Psychologin, von einer Kripobeamtin befragt.

Eine Woche später muss er eine Videobefragung über sich ergehen lassen. Die Befragungen verlaufen zäh und er scheint nicht das erzählen zu wollen, was man von ihm hören möchte.

Am 2. November 2002 findet wieder eine Befragung durch die Kriminalpolizei statt und der Junge wird gedrängt, Namen zu nennen und Handlungen zu beschreiben. Soll die Dinge, die er in seinem Kopf hat, rauslassen.

Während einer weiteren Befragung am 6. November 2002 werden ihm Fotos vorgelegt, unter anderem auch von Pascal. Auf die Frage, ob er den Jungen auf dem Foto kenne, antwortet er mit Nein. Die Pflegemutter erinnert sich jedoch, dass er vor Monaten ein Bild von Pascal im Fernsehen gesehen und es angestarrt hat. Sie

Früherer Standort der Tosa-Klause

schließt daraus, dass er ihn sehr wohl kennen muss. In den folgenden Aufzeichnungen, die Simone F. nach diesem 6. November von den Befragungen macht, taucht nun immer öfter der Name Pascal auf.

Am 19. November 2002 werden Anneliese W., Sabine M., Thomas C. und Franz S. unter dem dringenden Verdacht verhaftet, Sabine M.'s Sohn sexuell missbraucht, körperlich misshandelt und auch der Prostitution zugeführt zu haben.

Die vier werden noch am selben Tag verhört. Thomas C., Franz S. und Anneliese W. bestreiten die Vorwürfe. Sabine M. gibt das zu, was die Ermittler zu diesem Zeitpunkt von ihr hören wollen – nämlich, dass ihr Sohn sexuell missbraucht und für 20 Mark von Anneliese W. an Kinderschänder verkauft wurde.

Inzwischen gehen die Befragungen durch Simone F. beharrlich weiter, und der Junge passt seine Antworten stets mehr ihren Erwartungen an. Im Verlauf dieser Gespräche werden seine Schilderungen immer extremer, grotesker und obszöner. Und es werden immer mehr Personen in das Missbrauchsgeschehen einbezogen, sowohl auf der Täter- als auch auf der Opferseite.

Kontinuierlich informiert von Simone F. über den Inhalt der Gespräche mit ihrem Pflegesohn, vermutet die Kripo schließlich, dass es noch weitere kindliche Missbrauchsopfer geben muss. Ein Name, der jetzt immer häufiger in Kevins Beschreibungen auftaucht, elektrisiert sie geradezu: Es ist der Name Pascal.

Und unter der Führung von Kriminalrat Peter Steffes wird die *Soko Riegel* gegründet.

Die *Tosa-Gemeinschaft*

Gestützt auf die Aussagen, die Simone F. der Polizei von ihrem Pflegesohn übermittelt, scheint das Verschwinden des kleinen Pascal endlich aufgeklärt werden zu können. Inzwischen deutet alles darauf hin, dass Pascal Opfer eines Kinderschänderrings geworden ist. Und dieser Kinderschänderring, gemeint ist die *Tosa-Gemeinschaft*, soll sich regelmäßig in der *Tosa-Klause* mitten in Burbach zusammenfinden.

Trotz aller Euphorie, dass der Fall Pascal kurz vor der Aufklärung steht, ist man bei der Polizei noch vorsichtig. Man will nicht dieselben Fehler machen wie sie Mitte der neunziger Jahre im Fall der beiden Wormser Großfamilien gemacht wurden, die 1994 angeklagt werden, massenhaft Kinder missbraucht zu haben.

Eltern, Onkel, Tanten, Großmütter, Großväter, Geschwister, Bekannte der Familien, insgesamt 25 Personen wirft man hundertfachen sexuellen Missbrauch von insgesamt 16 Kindern vor. Ausgelöst wird der Fall von einer Frau aus einer der zwei Familien, die ihrem Ex-Mann sexuellen Missbrauch der beiden gemeinsamen Kinder vorwirft. Die Großmutter, bei der die Kinder zu diesem Zeitpunkt leben, geht daraufhin zum Jugendamt und wird an den Verein *Wildwasser e.V.* verwiesen, der sich um Opfer sexuellen Missbrauchs kümmert.

Eine Mitarbeiterin des Vereins befragt die Kinder und ist überzeugt, Beweise für einen Kindesmissbrauch gefunden zu haben. Der Fall nimmt ungeheure Ausmaße an, auch weil die verfeindeten Familien sich jetzt gegenseitig beschuldigen und immer mehr angeblich missbrauchte Kinder genannt werden. Und diese Mitarbeiterin von *Wildwasser* schafft es, im Übereifer immer drastischere und absurdere Anschuldigungen aus den Kindern herauszufragen. Zum Schluss beschuldigt eines der Kinder selbst die Staatsanwältin.

Wie zwei Familien, die dermaßen verfeindet sind, einen gemeinsamen Pornoring betreiben können, bei dem die Kinder hin- und hergetauscht werden, bleibt ungeklärt. Es kommt zum Prozess.

Professor Max Steller, der als Gutachter hinzugezogen wird, stellt fest, dass die vielen sich widersprechenden Aussagen der Kinder durch suggestive Befragung zustande kamen.

Sämtliche Angeklagten werden 1997 freigesprochen und der Vorsitzende Richter Hans Lorenz beginnt die Urteilsverkündung mit den Worten: »Den Wormser Massenmissbrauch hat es nie gegeben. Bei allen Angeklagten, für die ein langer Leidensweg zu Ende geht, haben wir uns zu entschuldigen.«

Professor Steller vom Berliner *Institut für Forensische Psychologie der Charité* wird im März 2003 von der Polizei in Saarbrücken gebeten Kevins Aussagen zu begutachten. Er widerspricht dem Gutachten, das Monate zuvor von der Saarbrücker Psychologin Milly Stanislawski verfasst wurde. Frau Stanislawski erkennt in den Aussagen des Kindes einen erlebnisfundierten Kern. Der renommierte Experte Max Steller, dessen Spezialgebiet die Aussagenpsychologie ist und der bei den Wormser Prozessen Schlimmeres verhindert hat, kommt jedoch zu dem Ergebnis, dass die Aussagen des Kindes nicht auf reell Erlebtes, sondern auf suggestive Einflüsse zurückzuführen sind.

Professor Stellers Gutachten wird zwar zur Kenntnis genommen, aber Konsequenzen werden keine daraus gezogen. Die Beamten glauben nämlich durch die vorhandenen Geständnisse einiger Verdächtiger mehr Informationen an der Hand zu haben als damals ihre Wormser Kollegen. Also wird weitergearbeitet wie gehabt. Auch besteht weiterhin zwischen den ermittelnden Beamten und Simone F. ein reger Austausch von Informationen.

In Saarbrücken wird längst nicht mehr ergebnisoffen ermittelt, sondern als Tatsache angenommen, dass in der Burbacher *Tosa-Klause* eine Gruppe von Kinderschändern ihr Unwesen treibt und das nur noch bewiesen werden muss.

Zur so genannten *Tosa-Gemeinschaft* zählen Polizei und Staatsanwaltschaft folgende Personen:

— Anneliese W., geboren 1953 in Jägersfreude. Sie ist die Wirtin der *Tosa-Klause* und soll auch der Kopf des Kinderschänderrings sein. Die Presse bezeichnet sie auch als Spinne im Netz.

Sie bestreitet vehement die gegen sie erhobenen Vorwürfe. Der 30. September 2001 war wegen der Kirmes ein Sonntag, an dem in der *Tosa-Klause* besonders viel los gewesen sei.

— Sabine M., geboren 1964 in Neunkirchen. Sie wird zur Hauptbelastungszeugin. Nachdem sie schon den Missbrauch an ihrem Sohn gestanden hat, gibt sie auch bereitwillig zu, an der Vergewaltigung und Ermordung Pascals beteiligt gewesen zu sein.

Um den Nachmittag rekonstruieren zu können, wird in einer Halle die *Tosa-Klause* nachgebaut und das Geschehen nachgespielt. Sabine nimmt daran teil und erklärt ausführlich, was sich abgespielt hat. Später in der Verhandlung widerruft sie ihr Geständnis.

— Ilse K., geboren 1953 in Völklingen, arbeitet als Putzfrau. Sie kam 2000 durch ihren früheren Freund Bernd K. in die *Tosa-Klause* und gilt unter den geistig Minderbegabten der *Tosa-Gemeinschaft* als die Einfältigste. Sie hat vier Kinder und ist unter anderem wegen gemeinschaftlichen Diebstahls und Betrugs vorbestraft. Ilse K. übernimmt die Wohnung von Pascals Mutter nach deren Auszug und richtet ihr Schlafzimmer in Pascals Kinderzimmer ein.

Ilse K. putzt in der *Tosa-Klause* und auch in Annelieses Haus in Riegelsberg. Sabines Sohn kenne sie nicht. Eines Morgens, so sagt sie aus, habe sie zufällig in Riegelsberg einen Pornofilm gesehen, in dem Pascal und ein Mädchen, in dem sie ihr Patenkind erkannte, vergewaltigt wurden. Später vor Gericht widerruft sie mit der Begründung, sie sei wütend auf Anneliese gewesen und wollte ihr eins auswischen.

Nach dem Verschwinden Pascals befragt, sagt sie aus, eine von Pascals Stiefschwestern habe ihn am 30. September 2001 mittags in die *Tosa-Klause* geführt und dort abgegeben.

Außerdem sagt sie noch aus, dass ihr Freund Bernd K. während der Vergewaltigung des Jungen mit im Kämmerchen war. Auch das widerruft sie wieder und nennt jetzt die Namen Kalle, Franz und Otto. Sie selbst habe sich zum Zeitpunkt der Vergewaltigung in der Gaststätte aufgehalten. Pascal habe geschrieen und sei dann auf einmal still gewesen. Sie sei dann in die Abstellkammer gegangen und habe ihn am Bein gerüttelt. Da er sich nicht mehr bewegt habe, sei sie davon ausgegangen, dass er tot ist. Anneliese habe sie aufgefordert, das Blut auf dem Boden wegzuwischen. Nach Pascals Tod soll die Leiche in eine Decke gepackt und von Franz S. hinausgetragen worden sein. Nach dieser Aussage zeigen die Beamten Ilse K. einen blauen Müllsack und sie bestätigt bereitwillig, dass Pascal nicht in einer Decke, sondern in diesem Müllsack hinausgebracht wurde.

— Birgit G., geboren 1954 in Brebach. Sie ist geschieden und hat ein Kind. Die gelernte Bäckereiverkäuferin ist arbeitslos. Sie ist mit Dietmar R. zusammen. Sie lernt Anneliese, mit der sie befreundet ist, im September 2001 kennen. Birgit G. kocht manchmal unentgeltlich für die *Tosa-Klause*.

Zum organisierten Kindesmissbruch befragt, sagt sie aus: Es kamen immer wieder Mütter in die Kneipe und haben ihre Kinder abgegeben.

Sie gibt auch an, während der Vergewaltigung des kleinen Pascal in der Abstellkammer gewesen zu sein. Sie schildert, dass Anneliese W. den toten Pascal hinausgetragen hätte. Seine Augen wären geschlossen gewesen. Dann macht man sie auf den blauen Sack aufmerksam und auch sie bestätigt, dass der Junge in diesen Sack gesteckt wurde.

— Bernd K, geboren 1955 in Püttlingen. Er ist geschieden und hat drei Kinder. Der gelernte aber arbeitslose Elektroinstallateur führt alle Elektroarbeiten in der Kneipe und im Haus in Riegelsberg aus. Er ist mit Ilse K. liiert. Davor war er mit Sabine zusammen.

Er gibt an, dass er gesehen habe, wie Sabine Pascal in die Abstellkammer gezwungen habe. Dort sei das Kind von Thomas C., Karl-Heinz W. und Franz S. missbraucht worden. Um die Schreie des Kindes zu übertönen, sei die Musicbox lauter gestellt worden. Anschließend sei das Kind von Thomas C. in einer Decke gewickelt nach draußen gebracht worden.

— Christoph (Chris) D., geboren 1961 in Worms. Der alkoholkranke Gelegenheitsarbeiter ist in Frankreich wegen Diebstahls vorbestraft. Er wohnt im selben Haus wie Pascal und ist Stammgast in der *Tosa-Klause*.

Der als Schwätzer bekannte, auffallend minderbegabte Mann berichtet unter anderem, dass Franz S. mit Pascal am frühen Nachmittag in die Kneipe gekommen sei. Diese Aussage zieht er später zurück. Er könne Franz S. nicht leiden und hätte ihn bloß reinreiten wollen.

Dann berichtet er, dass Pascal allein in die Kneipe gekommen sei, um Bonbons zu erbetteln. Anneliese habe ihm welche gegeben, und er sei wieder gegangen.

In einer weiteren seiner Aussagen behauptet er, er habe den Jungen schon öfter in die *Tosa-Klause* gelockt. Pascal sei dann immer bis ungefähr 20 Uhr geblieben. Er meint, dass jemand aus der Familie eingeweiht gewesen sein müsste.

Am 30. September 2001 habe er Pascal zwischen 16 Uhr und 17 Uhr in die Kneipe gebracht und nach dem Missbrauch sei Pascal von Ralf R. nach Hause gebracht worden.

Er hat als Erster den blauen Müllsack erwähnt.

— Franz S., geboren 1942 in Saarbrücken. Geschieden, zwei Kinder. Alkoholiker. Arbeitslos. Die *Tosa-Klause* war sein Lebensmittelpunkt, und er hat oft dort genächtigt. Auch von ihm gibt es kein Geständnis. Er habe am 30. September 2001 die *Tosa-Klause* gegen 12 Uhr verlassen und sei zu seiner Mutter zum Essen gegangen. Dann habe er sich schlafen gelegt. Zur angeblichen Tatzeit habe er sich an einem Burbacher Kiosk aufgehalten.

— Dietmar R., geboren 1962 in Dudweiler. Gerüstbauer. Der vierfache Vater ist gewalttätig und mehrfach vorbestraft, unter anderem wegen gefährlicher Körperverletzung und schweren Diebstahls. Außerdem laufen zu diesem Zeitpunkt gegen ihn noch zwei Ermittlungsverfahren wegen sexuellen Missbrauchs und Vergewaltigung. Von ihm liegt ebenfalls kein Geständnis vor. Er gibt an, dass er sich zur Tatzeit in einer Ausnüchterungszelle befunden habe.

— Hans L. (Hannes), geboren 1954 in Wadgassen. Er ist verheiratet, Alkoholiker und arbeitet als Montagearbeiter. Er ist

Mitglied der Riegelsberger Wohngemeinschaft. Hans L. gibt zu, am Tattag in der *Tosa-Klause* gewesen zu sein. Er hätte aber nichts von einem Missbrauch mitbekommen.

— Karl-Heinz (Kalle) W., geboren 1955 in Völklingen. Der gelernte Werkzeugmacher arbeitet als Prospektverteiler. Er ist geschieden und hat zwei Kinder. Er ist mehrfach vorbestraft, unter anderem wegen gemeinschaftlichen Diebstahls, Urkundenfälschung und Körperverletzung. Kalle sagt aus, dass er am Tattag im lothringischen Schöneck Fußball gespielt habe.

— Paul K., geboren 1958 in Differten. Er bezeichnet sich als bisexuell. Auch er ist arbeitslos. Seit 1999 wohnt er in der Wohngemeinschaft in Riegelsberg. An den Tattag hat er keine Erinnerung. Er wisse nicht einmal, ob er an diesem Tag überhaupt in der *Tosa-Klause* war.

— Markus S., geboren 1967 in Saarlouis hat eine Ausbildung zum Metzger. Er ist Alkoholiker. Durch Sabine, mit der er momentan liiert ist, kommt er 2001 in die *Tosa-Klause*, wo er hin und wieder als Bedienung aushilft. Er bestreitet die Tat und hat keine Erinnerung mehr an den 30. September 2001.

— Thomas C., geboren 1957. Geschieden. Ein Kind. Arbeitslos. Er ist Annelieses Lebensgefährte. Er ist der Einzige im Kreis der Beschuldigten, der eine höhere Schule besucht und das Abitur gemacht hat. Der gelernte Bürokaufmann spricht mehrere Sprachen. Auch er bestreitet von Anfang an die gegen ihn erhobenen Vorwürfe.

— Otto S. wird nicht zur *Tosa-Gemeinschaft* gezählt, obwohl er ebenfalls zu den Beschuldigten gehört. Der kleine, schmächtige Mann ist Alkoholiker und wie das Gros der *Tosa-Gemeinschaft* mit geringen geistigen Gaben ausgestattet. Er ist Stammgast in Annelieses Kneipe und wird aus diesem Grund vernommen.

Auch Otto S. ist den Fragen nicht gewachsen und verheddert sich hoffnungslos in seinen Aussagen. Aus Angst des Mordes beschuldigt zu werden, gibt er einfach zu, was man von ihm hören will: Er habe über Monate hinweg zwei bis dreimal kleine Jungs in der *Tosa-Klause* missbraucht und Anneliese W. jeweils 20 Mark für den Missbrauch bezahlt.

Otto S. wird in einem gesonderten, nur zwei Tage dauernden Prozess, der am 17. und 18. Oktober 2003 stattfindet, wegen des schweren sexuellen Missbrauchs von Kindern in mehreren Fällen zu sieben Jahren Haft und anschließender Sicherheitsverwahrung in der forensischen Psychiatrie verurteilt.

Diese Verurteilung ist deshalb bemerkenswert, weil Otto S. auch wegen des Missbrauchs an Pascal verurteilt wird, den er,

...nsuche Die Polizei vermutet die Leiche des ... Pascal (links oben) in einer Kiesgrube im loth... ...chen Schöneck. Dort war gestern ein Großaufgebot deutscher und französischer Polizei angerückt, um das Gelände zu durchsuchen (links). Dabei kamen Leichenspürhunde zum Einsatz. Tatort soll eine inzwischen geschlossene Kneipe in Burbach gewesen sein (Archiv-Foto rechts); die Ermittler glauben, dass Pascal dort missbraucht wurde. FOTOS: HONK/BUB

Noch keine Spur vom kleinen Pascal

Groß angelegte Suchaktion nach dem Burbacher Jungen wird heute im französischen Grenzort Schöneck fortgesetzt

Kripo: Kinderschänder töteten Pascal

Das Schicksal des vermissten Jungen und die traumatischen Erlebnisse seines Spielkameraden bewegen ganz Deutschland

– Von MICHAEL JUNGMANN –

Großes Medienaufgebot bei der Saar-Polizei! Acht Kamera-Teams und etwa zwei Dutzend aus ganz Deutschland eingeflogene Journalisten warten in der Aula der Polizeizentrale auf versprochene Informationen zum Fall des seit dem 30. September 2001 spurlos vermissten Pascal.

Der damals Fünfjährige ist, so vermuten Ermittler der Sonderkommission (Soko) und die Staatsanwaltschaft von brutalen Kinderschändern ermordet worden. Das Schicksal des Kindes, das in dem sozialen Brennpunkt im Saarbrücker Stadtteil Burbach gelebt hat, erschüttert die Republik. Ein Privatsender überträgt die Pressekonferenz sogar live.

„Weil seit Tagen", so Georg Himbert, Sprecher der Landespolizeidirektion, „die Gerüchte ins Kraut schießen", habe die Polizei sich entschlossen, die Zusammenhänge des Ermittlungsverfahrens darzustellen. Den Fahndern wäre es lieber gewesen, wenn sie in Ruhe und ohne den gewaltigen Medienrummel weiter nach Pascals Leiche hätten suchen und an dem Fall arbeiten können. Sie betonen immer wieder: „Wir haben es auch mit Opfern zu tun, die geschützt werden müssen." Dies seien ...

... perverletzung. Gemeint sind damit Kinder, die nach dem derzeitigen Stand der Dinge brutalst sexuell misshandelt, gepeinigt und gequält wurden. Pascal ist tot, dafür hat die Polizei offenbar konkrete Anhaltspunkte. Verschiedene Geständnisse liegen nach unzähligen Vernehmungen der mittlerweile insgesamt 14 Inhaftierten (zwölf im Fall Pascal) auf dem Tisch der Soko. Andere missbrauchte Kinder haben überlebt, etwa Pascals Freund, der heute acht Jahre alt ist. Die Polizei konnte aus den Ergebnissen seiner Befragung Querverbindungen zu Pascal ziehen. Ein kleines Mädchen sei ebenfalls als Opfer ausgemacht. Weitere Kinder sind wohl betroffen.

Peter Steffes, Chef der Kriminalpolizeiinspektion (KPI), und Oberstaatsanwalt Raimund Weyand berichten, dass nach dem Verschwinden des kleinen Pascal am 30. September 2001 über 450 Spuren verfolgt wurden, mehr als 1000 Personen befragt wurden. Ohne Ergebnis. Damals gab es angeblich keine konkreten Hinweise auf die „Tosa-Klause", jene heruntergekommene Mini-Kneipe in der Hochstraße von Burbach. Die gab es erst im September 2002 ...

... einer Kinderschänder-Bande will die Polizei offiziell nicht sprechen, bestätigt aber, dass Kinder von der Wirtin an Freier verkauft worden sein sollen. („Die Täter mussten dafür zahlen.") In einem abgetrennten Nebenraum seien die Kinder massiv sexuell missbraucht worden. Die Frage, ob mit derzeit insgesamt 14 Inhaftierten nur die Spitze eines Eisberges freigelegt wurde, blieb weitgehend unbeantwortet. Zur Struktur dieses mutmaßlichen Kinderschänderringes, so Steffes, stehe die Polizei gerade erst am Anfang ihrer Detailarbeit. Pascal sei jedenfalls auch vor dem Tag seines Verschwindens in der „Tosa-Klause" sexuell missbraucht worden, dies hätten Vernehmungen ergeben ...

Saarbrücker Zeitung von 25. und 27. Februar 2003

laut Urteilsbegründung, am frühen Nachmittag des 30. September begangen haben soll. Zu einer Zeit, in der Pascal von mehreren Zeugen gesehen worden ist. Nämlich zu Hause, auf der Straße und auf dem Kindergeburtstag seines Freundes.

Für die Zeit ab 17 Uhr, der vermeintlichen Tatzeit, hat Otto S. ein einwandfreies Alibi. Der begeisterte Sänger ist zu diesem Zeitpunkt auf der Kirmes und nimmt an einer Karaoke-Show teil.

Der Prozess

Der Prozess gegen die Mitglieder der *Tosa-Gemeinschaft* beginnt am 20. September 2004 beim Landgericht Saarbrücken. Er wird zweigeteilt. Zuerst wird der sexuelle Missbrauch und die Ermordung Pascals verhandelt, danach der sexuelle Missbrauch an Kevin.

Zur selben Zeit läuft auch ein Ermittlungsverfahren gegen den Vater von Pascal. Er wird der Beihilfe beim sexuellen Missbrauch seines Sohnes verdächtigt. Den Ausgang des Verfahrens erlebt er nicht mehr. Er stirbt am 1. Juli 2005 an einem Herzinfarkt. Er überlebt seine Lebensgefährtin um gerade mal zwei Wochen – Pascals Mutter stirbt am 14. Juni 2005 an einer Gehirnblutung.

Das Interesse der Öffentlichkeit an diesem Prozess ist enorm. Pressevertreter aus dem gesamten Bundesgebiet sind anwesend. Fast alle deutschen Fernsehanstalten haben Kamerateams geschickt. Insgesamt sind 29 Verhandlungstage angesetzt. Dass der Prozess letztendlich 148 Tage dauern wird, ahnt zu diesem Zeitpunkt noch niemand.

Vorsitzender Richter ist Ulrich Chudoba. Beisitzer sind die Richter Lohmann und Roth. Die Anklage vertritt federführend Oberstaatsanwalt Josef Pattar.

Pascals Stiefschwestern treten mit ihrem Rechtsbeistand als Nebenkläger auf. Die Interessen Pascals und seiner Eltern vertreten zwei Rechtsanwälte.

Die insgesamt zehn Anwälte der Angeklagten werden in der Öffentlichkeit massiv angegangen und zum Teil bedroht.

Als Gutachter zur Frage der Schuldfähigkeit der Angeklagten sind die Psychiater Rainer Luthe, Dr. Michael Rösler und Dr. Wolfgang Retz, beide vom *Institut für Gerichtliche Psychologie und Psychiatrie* in Homburg, bestellt.

Die Fachärztin für Kinder- und Jugendpsychiatrie, Dr. Petra Schwitzgebel, ebenfalls vom Homburger *Institut für Gerichtliche Psychologie und Psychiatrie* wird vom Gericht im Dezember 2004 mit der Begutachtung Kevins beauftragt. Sie kommt zu dem Ergebnis, dass die Aussage des Jungen mit sehr hoher Wahrscheinlichkeit der Wahrheit entspricht.

Was sich am Tattag abgespielt haben soll, stützt sich hauptsächlich auf die detaillierte Aussage von Sabine, die diese aber ungefähr zwei Jahre später widerruft.

Die Angeklagten, so die Staatsanwaltschaft, hätten sich am 30. September 2001, einem Sonntag, an dem ganz Burbach unterwegs war, in der *Tosa-Klause* zusammengefunden. Anneliese W. hätte Christoph D. aufgefordert, Pascal herbeizuschaffen, damit dieser missbraucht werden könne. Gegen 17 Uhr habe sich D. auf die Suche nach Pascal gemacht und ihn kurze Zeit später in die Kneipe gebracht, die daufhin abgeschlossen wurde. Pascal habe von Anneliese W. Süßigkeiten erhalten. Danach habe Sabine M. Pascal, der sich heftig wehrte, in die Abstellkammer gebracht. Dort sei er von Otto S., Thomas C., Franz S. und Dietmar R. nacheinander anal vergewaltigt worden. Um die Schreie des Kindes nicht nach außen dringen zu lassen, wäre die Music-Box lauter gestellt worden.

Sabine M. habe die vier Männer bei ihrem Tun unterstützt, und dabei ebenfalls sexuelle Handlungen an sich selbst und dem Kind vorgenommen. Während des gesamten Missbrauchs habe Anneliese W. fotografiert oder videografiert.

Dietmar R., der letzte Vergewaltiger, habe Sabine M. aufgefordert, das Kind ruhigzustellen. Daraufhin habe sie den Kopf des Kindes in das Kissen gedrückt. Es habe nicht geklärt werden können, ob Pascal nach dem Missbrauch durch Dietmar R. bereits tot gewesen oder durch das Vorgehen der Angeklagten Sabine M. zu Tode gekommen sei.

Anschließend sei Pascal von Sabine M. und Ilse K. in einen blauen Müllsack verstaut und in der Kneipe unter dem Verkaufsfenster abgestellt worden. Danach hätten die Angeklagten über einen möglichen Ablageort diskutiert.

Der Angeklagte Franz S. habe anschließend den Müllsack mit der Leiche des Kindes in den Laderaum des Renaults von Anneliese W. gelegt.

Anneliese, Sabine und Franz seien dann zu einer Kiesgrube bei Schöneck in Lothringen gefahren. Dort habe Franz mit einem Spaten, der immer in Annelieses Wagen lag, den Sack mit dem Leichnam des Kindes vergraben.

In der Kiesgrube wird weder eine Spur des Kindes noch des blauen Müllsacks gefunden, obwohl das Gelände großflächig mit Bodenradar und Leichenhunden abgesucht wird.

Ebenso wenig gibt es irgendwelche Spuren in der *Tosa-Klause* – weder Fingerabdrücke geschweige denn DNA-Spuren. Nicht die kleinste Faser, die darauf schließen ließe, dass Pascal in dieser Abstellkammer war. Auch die Fotos beziehungsweise Filme, die Anneliese W. gemacht haben soll, sind nicht auffindbar – obwohl bei der Hausdurchsuchung in Riegelsberg kein Stein auf dem anderen geblieben ist.

Laut Ilse K. soll Pascals After geblutet und sie das Blut auf Geheiß Annelieses vom Boden weggewischt haben. Es wurden jedoch keinerlei Blutspuren gefunden, obwohl diese selbst nach gründlichster Reinigung Dank der modernen Kriminaltechnik noch sichtbar zu machen wären (Die roten Blutkörperchen bestehen zum größten Teil aus dem Protein Hämoglobin. Dieses Hämoglobin sorgt selbst in winzigen Mengen dafür, dass man Blutspuren mit Hilfe der Chemikalie Luminol nachweisen kann).

Die Anklage stützt sich offensichtlich auf keinerlei Sachbeweise, sondern einzig und allein auf äußerst fragwürdige Geständnisse und Aussagen.

Am 18. Oktober 2004 sagt Pascals Mutter aus. Sie habe nie irgendwelche Spuren eines sexuellen Missbrauchs an ihrem Sohn bemerkt. Auch habe er ihr gegenüber nie etwas Derartiges erwähnt. Sie ist überzeugt davon, dass er sich ihr anvertraut hätte. Auf Nachfrage bestätigt sie, dass Pascals Vater öfter Gast in der *Tosa-Klause* war und auch Pascal selbst mit ihm dort gewesen sei.

Zu Prozessbeginn am 20. September 2004 bestand kein Zweifel an der Schuld der Angeklagten, weshalb das Gericht davon ausging, in nur 29 Tagen zu einem Urteil zu gelangen. Aus diesem Grund wurde für Richter Ulrich Chudoba auch kein Ersatzrichter bestellt.

Im Juni 2006 ist alle Gewissheit dahin und die Angeklagten werden auf freien Fuß gesetzt – mit der Begründung, es bestehe kein dringender, sondern nur noch ein hinreichender Tatverdacht. Schon jetzt lässt sich erahnen, dass das Verfahren auf Freisprüche hinauslaufen wird.

Die Journalistin Frauke Hunfeld vom *Stern* schreibt schon 2004 über den Prozess und seine Ungereimtheiten: »Doch je näher man herantritt, desto mehr verschwimmt das klare Bild.«

Am 23. August 2007 hält Oberstaatsanwalt Josef Pattar sein Plädoyer. Es sind jetzt nur noch zwölf statt 13 Angeklagte. Das Verfahren gegen Hans L. ist wegen einer schweren Gefäßerkrankung eingestellt worden. Er stirbt wenige Monate später an einem Schlaganfall.

Oberstaatsanwalt Josef Pattar fordert für fünf der zwölf Angeklagten eine lebenslange Haftstrafe wegen Mordes, für vier von ihnen, unter anderem für Anneliese W. noch zusätzlich eine anschließende Sicherheitsverwahrung. Für Sabine lautet die Forderung 15 Jahre Haft und anschließende Unterbringung in der Psychiatrie. Für weitere fünf Angeklagte beantragt er wegen Kindesmissbrauchs und Beihilfe Haftstrafen zwischen viereinhalb und neun Jahren und für Markus S. Freispruch.

Am 29. August 2007 halten die Verteidiger ihre Plädoyers. Sie fordern durchweg Freisprüche für ihre Mandanten.

Der Verteidiger von Christoph D., skizziert die Vernehmungstechniken der Polizei an dem Beispiel: »Ich erzähle Ihnen mal eine Geschichte ... War es nicht so?«

Dietmar R.'s Verteidiger erwähnt bei seinem Plädoyer, dass sich sein Mandant zur fraglichen Zeit gar nicht auf freiem Fuß befunden hätte, sondern in einer Ausnüchterungszelle unter Polizeiaufsicht. Der Vorsitzende Richter bestätigt, dass dies überprüft wurde und stimme.

Der Verteidiger von Markus S. geht darauf ein, dass Pascal öfter in der *Tosa-Klause* gewesen sein soll, um Süßigkeiten zu bekommen und stellt die Frage: »Glauben Sie, dass ein Kind immer wieder in eine Kneipe kommt, in der es regelmäßig brutal vergewaltigt wird?«

Am 7. September 2007 werden dann tatsächlich alle zwölf Angeklagten erwartungsgemäß freigesprochen.

Einzig Anneliese W. wird wegen unerlaubter Abgabe von Betäubungsmitteln zu einem Jahr Gefängnis mit Bewährung verurteilt. Anzumerken ist hierbei, dass Anneliese W. keineswegs mit Drogen gehandelt hat. Vielmehr hatte sie Sorge, dass ihr ältester Sohn harte Drogen nimmt und aus diesem Grund hat sie ihm in Kevins Windeln Haschisch ins Gefängnis geschmuggelt.

Der Vorsitzende Richter Ulrich Chudoba sagt bei der mündlichen Urteilsbegründung: »Der Verdacht bleibt, aber auf bloßen Verdacht hin darf niemand verurteilt werden« und haftet den freigesprochenen Angeklagten so den unauslöschlichen Makel an, trotz eines Freispruchs schuldig zu sein.

Einen Freispruch dritter Klasse nennt es der Verteidiger von Anneliese W.

Gisela Friedrichsen empört sich in einem der vielen Artikel, die sie im *Spiegel* über diesen Prozess geschrieben hat (»Kann sein, kann nicht sein, 37/2007):

Saarbrücker Zeitung von 24. August und 8. September 2007

> »... und wieder ein GAU der Justiz, der schlimmste vielleicht. Denn diese Urteilsbegründung zeigt, dass die Richter offenbar ihre Unabhängigkeit aus politischem Kalkül aufgeben und die rechtsprechende Gewalt dem Volk überlassen. Man spricht frei und tut so, als sei man von der Schuld der Angeklagten überzeugt. Volkes Stimme aus dem Mund des saarländischen SPD-Mannes Heiko Maas: ›Ich finde die Freisprüche zum Kotzen!‹ ...«

Und über das Schicksal des Otto S., dessen Prozess von dem der anderen abgetrennt und der als Einziger verurteilt wurde, schreibt sie im selben Artikel:

> »... Für den Versuch, den Prozess mit Verurteilungen zu Ende zu bringen, war der Justiz kein Preis zu hoch. Ein geistesschwacher Mensch [...] bestätigte in einem skandalösen Schnellverfahren Übergriffe auf Kinder, schlotternd vor Angst, andernfalls im Pascal-Prozess wegen Mordes vor Gericht zu kommen. War der Mann überhaupt aussagetüchtig? Es gibt perfekte Protokolle von den Vernehmungen, obwohl er, wie ein Videomitschnitt zeigt, nichts herausbrachte. Wen schert es? Bitte, keine Kritik an der Polizei, die interpretierte doch nur!«

Obwohl freigesprochen, gibt es seitdem für die angeklagten vier Frauen und acht Männer kein normales Leben mehr. Werden sie auf der Straße erkannt, nehmen sich selbsternannte Vollstrecker das Recht heraus sie anzupöbeln, anzuspucken, zu beschimpfen und zu verprügeln. In ihren Augen sind die zwölf zwar freigesprochen, aber in Wirklichkeit schuldig.

Quellenangaben

Der Bexbacher Polizistenmord

- Saarländische Volkszeitung, 5. Juni 1948
- Saarländische Volkszeitung, 9. Juni 1948
- Saarländische Volkszeitung, 15. Februar 1949
- Saarländische Volkszeitung, 17. Februar 1949
- Saarländische Volkszeitung, 18. Februar 1949
- Saarbrücker Zeitung, 31. Januar 1969
- BILD am Sonntag, 2. Februar 1969
- Saarbrücker Zeitung, 3. Februar 1969
- Begleitbuch *»Die großen Kriminalfälle 2«*, Piper-Verlag, 2005
- ARD-Dokumentation *»Die großen Kriminalfälle – Der Mörder in der Mülltonne«*, 2004
- SR-Dokumentation *»Recht und Gnade im Strafvollzug«*, 1970
- SR-Dokumentation *»Menschen im Schatten – Die Lebenslänglichen«*, 1970

Der Soldatenmord von Lebach

- »50 Jahre Garnisonsstadt Lebach«, Sonderveröffentlichung des Wochenspiegels, 2011
- »Kleinstadtmörder – Hintergründe zum Fall Lebach« von Jürgen Neven-du Mont und Karl Schütz, Verlag Hoffmann und Campe, 1971
- ARD-Dokumentation *»Die großen Kriminalfälle – Die Schüsse von Lebach«*, 2001
- *XY ungelöst*, ZDF-Sendung vom 11. April 1969
- Die Zeit, 24. Januar 1969
- Die Zeit, 10. Juli 1970
- Die Zeit, 14. August 1970
- Der Spiegel, 5/1969
- Der Spiegel, 6/1969

- Der Spiegel, 19/1969
- Der Spiegel, 20/1969
- Der Spiegel, 19/1970
- Saarbrücker Zeitung, 21. Januar 1969
- Saarbrücker Zeitung, 22. Januar 1969
- Saarbrücker Zeitung, 24. Januar 1969
- Saarbrücker Zeitung, 27. Januar 1969
- Saarbrücker Zeitung, 28. Januar 1969
- Saarbrücker Zeitung, 30. Januar 1969
- Saarbrücker Zeitung, 31. Januar 1969
- Saarbrücker Zeitung, 7. Februar 1969
- Saarbrücker Zeitung, 11. Februar 1969
- Saarbrücker Zeitung, 13. Februar 1969
- Saarbrücker Zeitung, 21. Februar 1969
- Saarbrücker Zeitung, 6. März 1969
- Saarbrücker Zeitung, 12. März 1969
- Saarbrücker Zeitung, 18. März 1969
- Saarbrücker Zeitung, 27. März 1969
- Saarbrücker Zeitung, 12. April 1969
- Saarbrücker Zeitung, 14. April 1969
- Saarbrücker Zeitung, 19. April 1969
- Saarbrücker Zeitung, 28. April 1969
- Saarbrücker Zeitung, 29. April 1969
- Saarbrücker Zeitung, 30. April 1969
- Saarbrücker Zeitung, 6. Mai 1969
- Saarbrücker Zeitung, 7. Mai 1969
- Saarbrücker Zeitung, 8. Mai 1969
- Saarbrücker Zeitung, 9. Mai 1969
- Saarbrücker Zeitung, 10. Mai 1969
- Saarbrücker Zeitung, 7. Juni 1969

Gernot Egolf

- Strafgesetzbuch der Bundesrepublik Deutschland (StGB)
- Bericht der Kriminalpolizei
- Anklageschrift Staatsanwaltschaft Saarbrücken vom 15.03.1977

- Privatarchiv der Familie Weber
- Frankfurter Allgemeine Zeitung, 14. Januar 1977
- Frankfurter Allgemeine Zeitung, 2. März 1977
- Frankfurter Allgemeine Zeitung, 17. Dezember 1977
- Die Rheinpfalz, 13. Januar 1977
- Der Spiegel, 10/1964
- Der Spiegel, 52/1971
- Der Spiegel, 53/1976
- Der Spiegel, 5/1977
- Der Spiegel, 16/1977
- Der Spiegel, 52/1977
- BILD, 16. Januar 1977
- Saarbrücker Zeitung, 27./28. November 1976
- Saarbrücker Zeitung, 29. November 1976
- Saarbrücker Zeitung, 1. Dezember 1976
- Saarbrücker Zeitung, 9. Dezember 1976
- Saarbrücker Zeitung, 10. Dezember 1976
- Saarbrücker Zeitung, 11. Dezember 1976
- Saarbrücker Zeitung, 13. Dezember 1976
- Saarbrücker Zeitung, 28. Dezember 1976
- Saarbrücker Zeitung, 2. März 1977
- Saarbrücker Zeitung, 23./24. April 1977
- Saarbrücker Zeitung, 7. Dezember 1977
- Saarbrücker Zeitung, 17. Dezember 1977

Der Fall Pascal

- Gehirn & Geist, 1-2/2007
- Stern, 47/2004
- Der Spiegel, 11/2003
- Der Spiegel, 30/2005
- Der Spiegel, 37/2006
- Der Spiegel, 19/2007
- Der Spiegel, 37/2007
- Der Spiegel, 47/2007
- Der Spiegel, 4/2009

– Frankfurter Allgemeine Zeitung, 26. Februar 2003
– Frankfurter Allgemeine Zeitung, 7. März 2003
– Frankfurter Allgemeine Zeitung, 12. März 2003
– Frankfurter Allgemeine Zeitung, 15. März 2003
– Frankfurter Allgemeine Zeitung, 17. Oktober 2003
– Frankfurter Allgemeine Zeitung, 19. Februar 2004
– Frankfurter Allgemeine Zeitung, 15. April 2004
– Frankfurter Allgemeine Zeitung, 20. September 2004
– Frankfurter Allgemeine Zeitung, 23. September 2004
– Frankfurter Allgemeine Zeitung, 27. September 2004
– Frankfurter Allgemeine Zeitung, 30. September 2004
– Frankfurter Allgemeine Zeitung, 4. Oktober 2004
– Frankfurter Allgemeine Zeitung, 7. Oktober 2004
– Frankfurter Allgemeine Zeitung, 11. Oktober 2004
– Frankfurter Allgemeine Zeitung, 11. November 2004
– Frankfurter Allgemeine Zeitung, 18. Juli 2005
– Frankfurter Allgemeine Zeitung, 12. Juni 2006
– Frankfurter Allgemeine Zeitung, 31. August 2006
– Frankfurter Allgemeine Zeitung, 7. September 2007
– Frankfurter Allgemeine Zeitung, 5. Dezember 2008
– Süddeutsche Zeitung, 24. September 2004
– Süddeutsche Zeitung, 19. Oktober 2004
– Die Welt, 7. September 2007
– Die Welt, 18. April 2008
– Die Welt, 10. Januar 2009
– Die Welt, 29. September 2011
– Der Tagesspiegel, 8. September 2007
– Saarbrücker Zeitung, 26. März 1984
– Saarbrücker Zeitung, 2. Oktober 2001
– Saarbrücker Zeitung, 4.Oktober 2001
– Saarbrücker Zeitung, 15. Oktober 2001
– Saarbrücker Zeitung, 22. Oktober 2001
– Saarbrücker Zeitung, 20. November 2002
– Saarbrücker Zeitung, 24. Februar 2003
– Saarbrücker Zeitung, 25. Februar 2003
– Saarbrücker Zeitung, 27. Februar 2003
– Saarbrücker Zeitung, 21. September 2004
– Saarbrücker Zeitung, 28. September 2004

- Saarbrücker Zeitung, 1. Oktober 2004
- Saarbrücker Zeitung, 5. Oktober 2004
- Saarbrücker Zeitung, 12. Oktober 2004
- Saarbrücker Zeitung, 15. Oktober 2004
- Saarbrücker Zeitung, 16. Oktober 2004
- Saarbrücker Zeitung, 18. Oktober 2004
- Saarbrücker Zeitung, 19. Oktober 2004
- Saarbrücker Zeitung, 26. Oktober 2004
- Saarbrücker Zeitung, 28. Oktober 2004
- Saarbrücker Zeitung, 29. Oktober 2004
- Saarbrücker Zeitung, 30. Oktober 2004
- Saarbrücker Zeitung, 23. Juni 2006
- Saarbrücker Zeitung, 17. August 2007
- Saarbrücker Zeitung, 18. August 2007
- Saarbrücker Zeitung, 24. August 2007
- Saarbrücker Zeitung, 28. August 2007
- Saarbrücker Zeitung, 30. August 2007
- Saarbrücker Zeitung, 3. September 2007
- Saarbrücker Zeitung, 7. September 2007
- Saarbrücker Zeitung, 8. September 2007
- Saarbrücker Zeitung, 12. Januar 2009
- Beschluss des Bundesgerichtshofs vom 18. November 2008
- Urteil des Bundesgerichtshofs vom 13. Januar 2009
- *»Im Zweifel gegen die Angeklagten – Der Fall Pascal – Geschichte eines Skandals«* von Gisela Friedrichsen, Deutsche Verlagsanstalt, 2008
- *»Pascal – Anatomie eines ungeklärten Falles«* von Dieter Gräbner, Gollenstein-Verlag, 2008
- ARD-Dokumentation *»Die großen Kriminalfälle – Ein Kind verschwindet – der Fall Pascal*, 2010
- Forschung und Gesellschaft, Deutschlandradio Kultur, 2009

Die Autorin

Kerstin Rech, geboren und aufgewachsen in Blieskastel, lebt seit vielen Jahren in Stuttgart. Bisher hat sie Kriminalromane, Hörspiele sowie Kurzgeschichten veröffentlicht.

2004 wurde der Roman *Das fünfte Geschlecht* für den *Friedrich-Glauser-Preis Krimipreis* der Autoren in der Sparte bestes Debüt 2003 nominiert.
2010 gewann sie mit der Kurzgeschichte *Der Normalo* den *Mannheimer Heinrich-Vetter-Literaturpreis*.

Darüber hinaus ist sie auch als freie Journalistin tätig – überwiegend für die Stuttgarter Zeitung.

Spektakuläre Kriminalfälle im Saarland ist ihr erstes Sachbuch.

Die Autorin am Gedenkkreuz für Gernot Egolf